Elon Musk:
Entre la utopía tecnológica y el caos

COLECCIÓN
LEGADOS

En *Legados*, cada libro es un viaje íntimo al corazón de una existencia. Biografías reveladoras, memorias conmovedoras, diarios y autobiografías luminosas componen esta colección dedicada a quienes transformaron su tiempo y dejaron una marca indeleble en la historia, el arte, la ciencia o la vida cotidiana.

Aquí se reúnen las voces de quienes vivieron intensamente, pensaron con hondura, sintieron con verdad. Desde grandes personajes públicos hasta figuras anónimas con historias memorables, *Legados* celebra el poder de la experiencia humana cuando se convierte en palabra escrita.

Una colección para los que creen que cada vida bien contada es una lección de coraje, una chispa de inspiración y una forma de eternidad. Porque toda existencia humana merece ser contada. Y recordada.

EMETERIO FUENTES

Elon Musk:

Entre la utopía tecnológica y el caos

ALCARAZ
EDICIONES

© Alcaraz Ediciones, 2026

© Emeterio Fuentes, 2026

Mare Nostrum, 44
46420 – El Perelló
Sueca, Valencia
Teléf.: (+34) 910 46 54 33
e-mail: info@ alcarazediciones.es
https://alcarazediciones.es

I.S.B.N.: 979-13-87586-62-1

Diseño y maquetación: Iván García Molinero
Printed in Spain / Impreso en España

ÍNDICE

PRÓLOGO:

El siglo XXI, tan joven y ya tan convulso, tiene en Elon Musk una de sus figuras más polémicas y fascinantes. No se trata solo de un empresario; tampoco basta con llamarlo inventor, ni mucho menos visionario. Musk encarna la paradoja de nuestro tiempo: es, a la vez, el profeta de un futuro luminoso y el heraldo de un caos que amenaza con devorarnos. En su persona convergen la audacia y la imprudencia, la promesa de salvación tecnológica y la sombra de un poder sin control. Sus cohetes apuntan a Marte mientras sus *tuits* hacen tambalear los mercados. Sus autos eléctricos simbolizan la transición ecológica, aunque descansan en la explotación de litio y la precarización laboral. Su compra de Twitter —rebautizado como X— se presentó como un acto heroico en defensa de la "libertad de expresión", pero pronto se convirtió en un laboratorio de caos comunicacional, donde la frontera entre innovación y capricho quedó irreconocible.

Musk divide opiniones como pocos líderes de la historia reciente. Para unos, es un genio renacentista, un nuevo Edison o un Prometeo moderno que roba el fuego de los dioses para entregárselo a la humanidad. Para otros, es un magnate ególatra que juega con el destino colectivo como si se tratara de un experimento personal, un "niño eterno" con recursos ilimitados que confunde la provocación con la visión. Lo cierto es que nadie permanece indiferente. Cada proyecto suyo —Tesla, SpaceX, Neuralink, The Boring Company, Starlink— se convierte en noticia, en debate y en detonante de esperanzas o miedos. La línea que separa la utopía de la distopía parece dibujarse en sus decisiones. Y, más aún, en su manera de ejercer el poder: sin filtros, sin instituciones que lo contengan, al ritmo vertiginoso de sus declaraciones en redes sociales.

Musk no solo fabrica tecnología: fabrica relatos, identidades, pasiones colectivas. Ha logrado que millones lo sigan como si fuera un mesías digital, mientras otros lo detestan con la misma intensidad. Ese magnetismo revela mucho más que la historia de un individuo: nos habla de una época sin brújula, de un mundo que deposita en un solo hombre la esperanza —o la condena— de su porvenir.

Este libro se propone narrar esa dualidad. Explorar al Musk que promete salvar la Tierra del colapso ecológico y al Musk que amenaza con llevarnos a un capitalismo interplanetario. Al pionero que busca curar enfermedades neurológicas y al empresario que normaliza el maltrato animal en nombre del progreso. Al innovador que dinamiza la industria espacial y al especulador que sacude la economía global con un simple mensaje de 280 caracteres. Elon Musk es icono y advertencia. Espejo de nuestra fascinación por la tecnología y, al mismo tiempo, símbolo de los riesgos de dejar en manos privadas el destino colectivo. Tal vez el hombre que divida el futuro no sea, en última instancia, él mismo, sino nosotros: la humanidad que decide creer en su visión o desconfiar de ella.

1. PRETORIA: LA INFANCIA BAJO LA SOMBRA DEL APARTHEID

Nació en un territorio dividido, donde el futuro estaba marcado por un sistema político que separaba cuerpos, lenguas y destinos. En la Sudáfrica de los años setenta, el apartheid no era solo una palabra legal o un principio ideológico: era una cicatriz diaria que se manifestaba en la escuela, en las calles y en el aire que se respiraba. Elon Reeve Musk llegó al mundo en Pretoria, ciudad administrativa y símbolo de la supremacía blanca, en medio de un país que funcionaba como laboratorio de segregación y desigualdad. Aquel entorno fue, para él, tanto una prisión invisible como un estímulo precoz para la evasión. Crecer en una nación sostenida por la injusticia estructural significaba vivir con un ruido de fondo permanente: protestas reprimidas, titulares de violencia política, rumores de guerra civil latente. Musk, sin embargo, no parecía destinado a involucrarse de manera directa en ese conflicto; su refugio se hallaba en otro territorio, menos tangible: la imaginación.

Pero antes de llegar a ese mundo interior, conviene mirar la familia en la que nació. Los

Musk no eran un clan ejemplar ni estable. Errol, su padre, ingeniero con reputación ambivalente, dejó en Elon una marca ambigua, entre el orgullo de la inteligencia técnica y la herida de un carácter frío y abusivo. Maye, su madre, modelo y nutricionista canadiense, aportaba una energía distinta: pragmática, cosmopolita, con un deseo de escapar de la rigidez sudafricana.

En ese ambiente, Elon aprendió temprano que el hogar podía ser tan hostil como el país. La violencia no se limitaba a las tensiones sociales de fuera, sino que atravesaba también las paredes de su casa. Esa infancia disfuncional —hecha de silencios densos, discusiones y un sentimiento de soledad permanente— moldeó en él una necesidad doble: escapar y construir mundos alternativos.

La Sudáfrica de su niñez le ofrecía poco en términos de esperanza colectiva. Las leyes raciales estaban diseñadas para mantener un orden jerárquico casi feudal, y los niños blancos, como Elon, crecían en una burbuja de privilegio que ocultaba, pero no eliminaba, la injusticia circundante. Quizás esa contradicción —ser beneficiario de un sistema violento y, a la vez, sentir su peso ético— lo empujó más hacia los libros y la ciencia ficción, territorios donde no existían fronteras, ni razas, ni la rigidez del apellido Musk.

Elon Musk no fue un niño popular. Tampoco un líder en el patio de recreo ni un adolescente llamado a brillar en deportes o en fiestas. Fue, más bien, el blanco perfecto de las burlas y los golpes. La violencia escolar en Pretoria se cebó con él: compañeros mayores lo arrinconaban, lo golpeaban hasta dejarlo inconsciente y lo humillaban con una crueldad que se repetiría más de una vez. Aquellos episodios no fueron simples riñas infantiles, sino experiencias que marcaron su memoria como recordatorios de que el mundo exterior podía ser brutal e implacable.

La soledad se convirtió, entonces, en su refugio. Pero no una soledad estéril, sino creativa, llena de obsesiones y lecturas. Mientras otros niños buscaban pertenencia en pandillas o deportes, Elon se sumergía en los universos de Isaac Asimov, Arthur C. Clarke y J.R.R. Tolkien. La ciencia ficción le ofrecía lo que Sudáfrica le negaba: mundos donde el ingenio vencía a la injusticia, donde los héroes no eran los más fuertes físicamente, sino los más visionarios.

Asimov le enseñó a pensar en sistemas, en civilizaciones enteras moldeadas por la ciencia. Clarke lo deslumbró con la posibilidad de conquistar las estrellas. Tolkien, con su imaginario épico, le mostró la potencia de los relatos que construyen cosmovisiones enteras. En esas páginas Musk hallaba compañía y sentido, una especie de educación paralela que lo alejaba tanto de la violencia doméstica como de la hostilidad de sus pares.

No es casual que, años después, muchas de sus empresas llevaran nombres o inspiraciones extraídas directamente de esos libros. SpaceX parece dialogar con Clarke y Asimov; Neuralink recuerda los dilemas transhumanistas que pueblan la ciencia ficción más inquietante. La infancia solitaria, marcada por golpes y desdén, fue también la semilla de una imaginación desbordada que, en vez de rendirse, construyó futuros posibles.

El niño herido en Pretoria soñaba con escapar. Y su vehículo de fuga no fue un tren ni un avión, sino un cohete hecho de palabras y circuitos. En la ciencia ficción, Elon Musk aprendió que era posible huir de la realidad sin resignarse a ella, que un ser humano podía rebelarse contra las condiciones de su tiempo. Quizás, sin esos libros y sin esa soledad forzada, nunca habría existido el Musk que hoy conocemos: el hombre que insiste en que Marte puede ser el nuevo hogar de la humanidad, aunque muchos lo interpreten como un delirio más que como un destino.

La adolescencia de Elon Musk estuvo marcada por la contradicción. Por un lado, un mundo interior cada vez más vasto, alimentado por libros de ciencia ficción, manuales de programación y sueños de conquista estelar. Por otro, un entorno familiar y social que no dejaba de recordarle sus fragilidades. Su interés por la informática apareció temprano, casi como una continuación natural de su aislamiento. Con apenas doce años, desarrolló un rudimentario videojuego, *Blastar*, que vendió por una suma modesta pero reveladora: aquel niño solitario había encontrado un lenguaje con el que podía transformar su imaginación en producto. El código era, para él, más que una herramienta: era un refugio lógico frente al caos de su entorno.

Mientras otros adolescentes se ocupaban en deportes, fiestas o la vida social de Pretoria, Musk pasaba horas programando, devorando libros y construyendo una coraza mental contra el desprecio y el dolor. Esa obsesión por el conocimiento —muchas veces interpretada como frialdad— era en realidad un mecanismo de supervivencia. La lectura intensiva y el aprendizaje autodidacta le permitían escapar de una realidad donde los golpes físicos y emocionales eran demasiado frecuentes.

El trauma de la violencia escolar y la dureza de su relación con su padre siguieron presentes. Elon ha declarado en más de una ocasión que la severidad y el maltrato paterno lo marcaron más profundamente que cualquier otro episodio de su niñez. De allí surgió una personalidad ambivalente: vulnerable en lo íntimo, pero ferozmente resistente en lo público. Esa combinación de fragilidad y coraje, de herida y ambición, sería determinante en su manera de enfrentar los fracasos posteriores en Silicon Valley.

El adolescente Musk, lector voraz de enciclopedias y programador precoz, empezó a gestar la convicción de que el conocimiento podía ser un arma, un escudo y un pasaporte. La Sudáfrica del apartheid era un entorno demasiado estrecho para alguien que ya soñaba con viajar a las estrellas. La idea de emigrar, de buscar horizontes más amplios, comenzó a instalarse en su mente como una obsesión inevitable. Entre libros, códigos y cicatrices invisibles, se forjó un carácter extraño: el de un joven que no buscaba integrarse, sino trascender. El Musk adolescente no quería ser aceptado en Pretoria; quería, desde entonces, cambiar el mundo entero.

2. DE SUDÁFRICA A SILICON VALLEY: LA TRAVESÍA DEL INMIGRANTE AMBICIOSO

D esde su adolescencia, Elon comprendió que el horizonte de sus sueños no estaba en Sudáfrica. El país del apartheid, con su violencia estructural y su aislamiento internacional, era un terreno demasiado estrecho para un joven que devoraba libros sobre viajes interplanetarios y futuros posthumanos. El deseo de escapar se convirtió en plan, y ese plan tenía un destino concreto: Estados Unidos, la tierra donde la ciencia ficción parecía tener más posibilidades de transformarse en empresa.

El camino, sin embargo, no era directo. En 1989, con apenas diecisiete años, Musk encontró una puerta lateral a través de Canadá. Gracias a la nacionalidad canadiense de su madre, Maye, logró obtener documentos que le permitieron emigrar. Aquella decisión no fue solo estratégica: fue también una rebelión silenciosa contra su padre, Errol, con quien mantenía una relación cada vez más tensa y distante. Irse a Canadá era tanto una jugada práctica como un corte simbólico con un pasado lleno de heridas.

El joven Musk llegó con poco dinero, una mochila ligera y una voluntad desmesurada. Pasó sus primeros meses trabajando en empleos manuales —limpiando calderas, cortando leña, realizando tareas agrícolas—, oficios duros y mal pagados que parecían incompatibles con la imagen del futuro magnate tecnológico. Pero esa etapa formó parte de la narrativa que más tarde él mismo se encargaría de difundir: la del inmigrante que partió de abajo, que enfrentó la dureza del exilio y que, sin embargo, no abandonó su ambición.

Su paso por Canadá tuvo también un objetivo académico. Estudió en la Queen's University, en Ontario, antes de dar el salto definitivo a los Estados Unidos. Era un itinerario claro: Canadá como pasaje, EE.UU. como objetivo. Lo que buscaba no era solo una buena educación, sino el acceso al ecosistema emprendedor que, en esos años noventa, comenzaba a agitar Silicon Valley con la promesa de la revolución digital. Para Musk, Norteamérica no era simplemente un lugar geográfico, sino un espacio simbólico: la cuna de la innovación, el escenario donde podía pasar de lector de ciencia ficción a protagonista de un relato tecnológico. Cada sacrificio en tierras canadienses, cada trabajo ingrato, cada noche de estudio eran pasos hacia un destino que ya parecía escrito en su imaginación: conquistar Estados Unidos, y con él, el futuro.

Silicon Valley en los años noventa era un territorio febril, una frontera moderna donde jóvenes programadores y emprendedores competían por transformar ideas en millones. Internet estaba en plena expansión, y quien supiera anticipar su potencial tenía ante sí un campo virgen de oportunidades. Elon Musk, recién llegado con estudios de economía y física en la Universidad de Pensilvania, no tardó en lanzarse.

Su primera gran apuesta se llamó Zip2, fundada en 1996 junto a su hermano Kimbal. El proyecto parecía modesto: un directorio digital de empresas y mapas interactivos para periódicos en línea. Pero en un mundo aún acostumbrado a las páginas amarillas impresas, aquella idea resultaba adelantada. Musk, obsesionado con los detalles técnicos y con un ritmo de trabajo extenuante, vivía casi literalmente en la oficina. Dormía en un sofá, se duchaba en gimnasios públicos y trabajaba jornadas interminables, convencido de que cada línea de código era un ladrillo hacia el futuro. Sin embargo, desde el inicio se reveló un patrón que lo acompañaría toda su vida: la tensión entre su visión personal y la capacidad de trabajar en equipo. Los inversores, impresionados por la promesa de la empresa, comenzaron a desconfiar de su estilo autoritario y de su resistencia a delegar. Finalmente, Musk fue desplazado de la dirección ejecutiva, un golpe que lo humilló pero que también lo obligó a aceptar la lógica implacable del capital de riesgo. En 1999, Compaq compró Zip2 por más de 300 millones de dólares. La parte correspondiente a Musk le reportó unos 22 millones: tenía apenas 27 años y ya era millonario. Con ese capital dio forma a un proyecto aún más ambicioso: X.com, fundado en 1999, una de las primeras plataformas de banca digital y transferencias en línea. En un tiempo en que muchos aún dudaban en introducir su tarjeta de crédito en Internet, Musk apostaba a que el dinero, como la información, terminaría por fluir en la red con la misma naturalidad que el correo electrónico.

El concepto era revolucionario, pero la ejecución estuvo plagada de disputas internas. Musk era brillante, pero también intransigente. Insistía en usar su propio sistema —arriesgado y poco probado— en lugar de las soluciones más seguras propuestas por sus ingenieros. Las tensiones estallaron y los accionistas intervinieron nuevamente. Esta vez, Musk fue reemplazado durante un viaje de vacaciones; el consejo consideraba que ponía en peligro la supervivencia de la compañía. Sin embargo, de aquella batalla corporativa surgió un desenlace inesperado: la fusión de X.com con una empresa rival, Confinity, dio origen a PayPal, el gigante de los pagos digitales. Musk fue marginado, pero la venta de PayPal a eBay en 2002 por 1.500 millones de dólares le otorgó otra fortuna personal, suficiente para financiar los sueños que ya comenzaban a obsesionarlo: los autos eléctricos, los cohetes reutilizables, y más tarde, el control de la mente.

Estas *startups* dejaron en él dos cicatrices y una convicción. La primera: los inversores podían arrebatarle el poder aunque fuera el fundador. La segunda: su manera de dirigir, basada sobre el control absoluto, era una espada de doble filo. Y la convicción definitiva: con dinero propio no tendría que volver a ceder el timón. Esa lección marcaría todo lo que vino después.

La historia de PayPal es, en cierto sentido, la metáfora perfecta de Elon Musk: una mezcla de genialidad, ambición desbordada, disputas internas y un desenlace agridulce. Lo que empezó como X.com, su arriesgado proyecto de banca digital, terminó transformándose en una de las empresas más influyentes de la era de Internet. Pero lo hizo a costa de arrebatarle el control a su creador.

En 2000, X.com se fusionó con Confinity, una compañía que ofrecía un sistema de pagos en línea enfocado en dispositivos móviles. La unión dio origen a una entidad más sólida, rebautizada poco después como PayPal. Aunque Musk seguía siendo el mayor accionista y ocupaba el cargo de CEO, su relación con el equipo directivo era tensa. Los ingenieros lo consideraban brillante pero intransigente, capaz de poner en riesgo la estabilidad de la empresa por imponer sus decisiones técnicas.

El clímax llegó durante un viaje de Musk a Australia. Mientras volaba de vacaciones con su entonces esposa Justine, el consejo de administración decidió destituirlo en secreto y reemplazarlo por Peter Thiel. Cuando aterrizó, Musk descubrió que había perdido el control de su propia creación. El episodio fue una herida profunda, un recordatorio brutal de que, en Silicon Valley, la visión individual poco valía frente al consenso de inversores y ejecutivos.

A pesar de la traición, la fortuna lo esperaba. En 2002, eBay compró PayPal por 1.500 millones de dólares. La participación accionaria de Musk le reportó cerca de 180 millones. Pero más allá de la riqueza, lo que quedó grabado en él fue una lección existencial: nunca más dependería de otros para llevar a cabo sus proyectos. A partir de entonces, se obsesionó con ser no solo fundador, sino dueño absoluto de sus empresas, evitando que consejos o accionistas pudieran marginarlo otra vez.

El éxito económico de PayPal le dio lo que había buscado desde su adolescencia: independencia. Pero la forma en que se produjo —mediante su expulsión del poder— moldeó un rasgo clave de su carácter: la desconfianza estructural hacia los demás. Musk comprendió que el mundo corporativo era tan violento como el patio escolar de Pretoria, y que la única manera de sobrevivir era imponer su voluntad incluso a riesgo de ser visto como un tirano. De PayPal heredó dos cosas: un capital inmenso y una herida de orgullo. Con lo primero financió sus apuestas más arriesgadas —Tesla, SpaceX, SolarCity—; con lo segundo, forjó el estilo de gestión que lo haría famoso: controlador, implacable y dispuesto a arrastrar a todos a su ritmo, aunque el camino fuese un abismo.

3. TESLA: AUTOS ELÉCTRICOS, ACCIDENTES Y DEMANDAS

Cuando Elon Musk apostó por los autos eléctricos, lo hizo en un tiempo en que la industria automotriz aún se reía de esa posibilidad. A principios de los 2000, la mayoría de los gigantes del motor seguía atada al petróleo como si fuera un dogma inamovible. La "alternativa verde" se percibía como una extravagancia ecológica, más cercana al activismo que a la rentabilidad. Musk vio, sin embargo, una oportunidad doble: desafiar el imperio del petróleo y convertirse en el mesías de una movilidad limpia y futurista.

Tesla Motors nació en 2003 de la mano de ingenieros visionarios, pero fue Musk quien la transformó en mito. Su inversión inicial y, más tarde, su control absoluto, convirtieron a la compañía en su vitrina personal. La marca no vendía simplemente automóviles: vendía una narrativa. El logo en forma de "T" se convirtió en símbolo de modernidad, en promesa de un mundo donde las ciudades serían silenciosas, las carreteras limpias y los cielos menos asfixiados por el humo fósil.

El Tesla Roadster de 2008 fue la primera materialización de esa utopía: un deportivo eléctrico capaz de competir con autos de combustión. Aunque caro y limitado en alcance, generó titulares, inversiones y una legión de admiradores. A partir de ahí, la empresa se lanzó a una carrera de innovación que desembocó en los Model S, 3, X e Y, vehículos que ya no eran simples rarezas, sino alternativas reales al mercado tradicional.

El impacto fue inmediato. Gobiernos que apenas apostaban por energías renovables comenzaron a ver en Tesla un catalizador para la transición ecológica. Los rivales históricos —General Motors, Ford, Toyota— pasaron de la burla inicial a la imitación forzosa. De repente, el futuro del automóvil parecía escrito con baterías de litio en lugar de motores de gasolina.

Pero la promesa tenía un precio oculto. Detrás del aura futurista, Tesla funcionaba como un laboratorio de excesos: jornadas laborales extenuantes, líneas de producción colapsadas, fábricas que rozaban la quiebra antes de lograr estabilidad. Musk dirigía la empresa con mano de hierro, alternando momentos de inspiración mesiánica con explosiones de ira. Y, al mismo tiempo, levantaba sobre sí la imagen de un pionero dispuesto a enfrentarse a toda la industria petrolera para liberar al mundo de su dependencia.

Tesla se convirtió en más que una empresa: en un relato cultural. El "coche eléctrico" ya no era una opción de nicho, sino un símbolo de estatus, de futuro, de fe en la tecnología. La promesa de un futuro sin petróleo estaba sobre la mesa, y Elon Musk se erigía como su profeta más visible. Pero esa misma promesa sería, con los años, también su mayor fuente de polémicas y demandas.

Si Tesla representaba la promesa de un futuro limpio, sus fábricas mostraban el precio humano de esa visión. Lo que Musk describía como "fábricas del mañana" eran, en la práctica, espacios de trabajo donde la presión era tan alta como las tensiones en la línea de ensamblaje de cualquier industria tradicional. Desde sus inicios, la empresa estuvo marcada por el síndrome de la producción imposible. Musk prometía plazos agresivos y cifras de fabricación que parecían salidas de un guion de ciencia ficción. Cuando anunció el Model 3, se comprometió a producir 5.000 vehículos semanales en menos de un año, algo que los expertos consideraban inalcanzable. La realidad le dio la razón... pero a un costo colosal.

Los empleados trabajaban jornadas de doce y hasta catorce horas, con horas extra no siempre remuneradas, descansos reducidos y un nivel de estrés que convertía cada turno en un maratón. Las filtraciones de testimonios internos hablaban de trabajadores desmayados en plena línea de ensamblaje, de accidentes por falta de protocolos de seguridad, de un ritmo que parecía diseñado más para cumplir las ambiciones del CEO que para proteger la salud de sus empleados.

Las batallas sindicales se volvieron inevitables. Musk, enemigo declarado de los sindicatos, desplegó una estrategia de confrontación abierta. Mientras en público se presentaba como un libertador tecnológico, en privado combatía con dureza cualquier intento de organización laboral. La United Auto Workers (UAW) denunció campañas de intimidación contra quienes querían afiliarse, y el propio Musk llegó a tuitear que los empleados "perderían sus beneficios" si optaban por sindicalizarse, comentario que le costó investigaciones legales y acusaciones de prácticas laborales ilegales.

A la presión se sumaban los problemas técnicos de la producción en masa. Musk, en un arrebato característico, intentó automatizar casi por completo las fábricas con robots, convencido de que las máquinas serían más eficientes que los humanos. El resultado fue un caos mecánico: brazos robóticos atascados, líneas enteras colapsadas, retrasos monumentales. Al final, Tesla tuvo que volver a contratar miles de trabajadores para hacer lo que la automatización aún no podía. Musk reconoció el error con una frase lapidaria: "La excesiva automatización en Tesla fue un error. Mi error, para ser exactos".

Estas tensiones crearon la imagen de una empresa en la cuerda floja: por un lado, un emblema del progreso; por otro, un hervidero de conflictos laborales y promesas incumplidas. Tesla se mantenía como un gigante frágil, sostenido por la fe de los inversores y el carisma de Musk, pero con cimientos humanos agotados hasta el límite.

El contraste era brutal: mientras Musk hablaba de colonizar Marte, en la Tierra miles de empleados luchaban simplemente por sobrevivir a un turno en Fremont o Shanghái. Y esa disonancia entre el discurso visionario y la realidad del taller se convirtió en una de las marcas más controvertidas de Tesla.

De todos los sueños que Elon Musk vendió a través de Tesla, pocos capturaron tanto la imaginación pública como el Autopilot. La promesa era irresistible: un coche capaz de conducirse casi solo, liberando al ser humano del estrés del tráfico, reduciendo accidentes y abriendo la puerta a un futuro donde la conducción manual sería un recuerdo del pasado. Musk hablaba del Autopilot con un entusiasmo mesiánico, describiéndolo como la antesala de los vehículos completamente autónomos. En conferencias y entrevistas aseguraba que la inteligencia artificial aplicada a la movilidad salvaría millones de vidas al eliminar el "factor humano", responsable de la mayoría de los accidentes. Los videos promocionales mostraban Teslas que parecían deslizarse sin esfuerzo por carreteras y autopistas, un espectáculo que deslumbró a inversores, periodistas y compradores.

Pero la realidad pronto mostró un reverso oscuro. Desde los primeros años de su implementación, comenzaron a reportarse accidentes fatales vinculados al uso del Autopilot. Conductores confiados, convencidos de que el sistema podía encargarse de todo, dejaban las manos fuera del volante o incluso se dormían, solo para descubrir demasiado tarde que la tecnología tenía límites muy peligrosos. El primer gran caso, en 2016, ocurrió cuando un Tesla Model S no detectó un camión blanco atravesando la carretera: el conductor murió al impactar de lleno. Fue el inicio de una serie de tragedias que se repetirían en distintos países.

Los críticos acusaron a Tesla de publicidad engañosa. Aunque en la letra pequeña se aclaraba que el Autopilot era un sistema de asistencia y que el conductor debía mantener el control, el propio Musk reforzaba la ilusión de autonomía con frases grandilocuentes. Su estilo de comunicación, más cercano a la épica que a la prudencia, generó expectativas imposibles de cumplir. Los reguladores de seguridad vial en Estados Unidos y Europa comenzaron a investigar a la compañía, cuestionando no solo la tecnología, sino también el modo en que Musk moldeaba la percepción pública.

El Autopilot se convirtió en un terreno de disputa ideológica. Para sus defensores, los accidentes eran inevitables en cualquier innovación disruptiva, y los beneficios a largo plazo —millones de vidas potencialmente salvadas— justificaban los riesgos iniciales. Para sus detractores, era un experimento irresponsable en carreteras reales, donde los usuarios funcionaban como conejillos de indias de un sistema inacabado.

Tesla siguió adelante, mejorando el software, ampliando las funciones y rebautizando su sistema como "Full Self-Driving" (FSD), una denominación aún más polémica por sugerir una autonomía que todavía no existía. Mientras tanto, cada nuevo accidente volvía a poner sobre la mesa la misma pregunta: ¿era

Musk un visionario adelantado a su tiempo o un empresario jugando con vidas humanas para sostener la narrativa de su imperio?

El Autopilot condensaba la paradoja de Tesla y de Musk mismo: una tecnología capaz de transformar el futuro del transporte y, al mismo tiempo, un símbolo de promesas excesivas, expectativas rotas y tragedias evitables. Un milagro que podía salvar, pero también una máquina que podía matar.

Tesla no solo revolucionó el mercado automotriz: también convirtió a su director ejecutivo en una figura capaz de alterar los mercados financieros con un simple tuit. Elon Musk aprendió pronto que, además de vender autos, podía vender narrativas, y que esas narrativas tenían un valor bursátil incalculable. El ejemplo más célebre ocurrió en agosto de 2018, cuando Musk escribió en Twitter: "Am considering taking Tesla private at $420. Funding secured" ["Estoy considerando sacar a Tesla de la bolsa a $420. Financiamiento asegurado"]. Bastó ese mensaje para que las acciones se dispararan de inmediato. La cifra —420 dólares— parecía un guiño humorístico a la cultura del cannabis, pero el impacto en los mercados fue real y devastador: inversores que apostaban contra Tesla perdieron fortunas, y la volatilidad alcanzó niveles inéditos.Pronto quedó claro que el supuesto "financiamiento asegurado" no existía en los términos que Musk había insinuado. La Comisión de Bolsa y Valores de Estados Unidos (SEC) lo acusó de fraude, alegando que había engañado a los accionistas y manipulado deliberadamente el valor de la compañía. El acuerdo judicial que siguió lo obligó a pagar una multa millonaria y a renunciar temporalmente a la presidencia de Tesla, aunque logró mantener su puesto como CEO.

No era la primera ni la última vez que Musk utilizaba Twitter como arma financiera. Desde bromas sobre Dogecoin hasta comentarios sobre la producción de Tesla, sus publicaciones tenían la capacidad de mover miles de millones en cuestión de minutos. Esta práctica lo convirtió en un héroe para quienes se beneficiaban de su volatilidad y en un villano para los reguladores y los inversores tradicionales.

Las acusaciones de manipulación bursátil se multiplicaron. Críticos lo acusaban de tratar la bolsa como un casino personal, un escenario donde probaba ocurrencias y emociones sin medir consecuencias. Cada promesa exagerada sobre los tiempos de producción, cada anuncio ambiguo sobre nuevas tecnologías o supuestos avances en el Autopilot influían directamente en el precio de las acciones. Tesla parecía vivir tanto de la ingeniería como del espectáculo financiero.

La paradoja era evidente: mientras Musk se presentaba como un revolucionario que desafiaba a la industria automotriz y a los combustibles fósiles, sus métodos recordaban a los de los especuladores más agresivos de Wall Street. Innovador y prestidigitador, ingeniero y *showman*, el mismo hombre que prometía un futuro sin petróleo jugaba con los valores de mercado como si fueran fichas de póker.

En Tesla, la frontera entre la visión tecnológica y la manipulación financiera se volvió difusa. Para unos, Musk era un genio que había encontrado una nueva forma de financiar la innovación. Para otros, un empresario irresponsable que sostenía su imperio en base a promesas infladas y riesgos ocultos. Lo cierto es que Tesla sobrevivió, creció y se consolidó, pero lo hizo en medio de un torbellino de demandas, multas y sospechas que siguen acompañando a su fundador como una sombra inevitable.

4. SPACEX: COHETES, CONTRATOS Y COLONIAS EN MARTE

Si Tesla convirtió a Musk en profeta de la movilidad eléctrica, SpaceX fue el escenario donde intentó cumplir su sueño más audaz: llevar a la humanidad fuera de la Tierra. La idea no surgió de un cálculo financiero, sino de una obsesión juvenil: la convicción de que la supervivencia de la especie dependía de volverse *multiplanetaria*. Pero entre la visión de colonizar Marte y la realidad de poner un cohete en órbita había un abismo económico y tecnológico.

Cuando Musk fundó SpaceX en 2002, pocos lo tomaron en serio. La industria espacial estaba dominada por gigantes estatales y corporativos: la NASA en Estados Unidos, Roscosmos en Rusia, la Agencia Espacial Europea. Frente a ellos, un joven millonario con capital de PayPal parecía un intruso más cercano a la extravagancia que a la ingeniería. Su primera nave, el Falcon 1, era vista como un experimento improbable, un cohete ligero que aspiraba a demostrar que la exploración espacial podía hacerse de manera privada y a bajo costo.

El debut, sin embargo, fue un desastre. En marzo de 2006, el Falcon 1 se elevó sobre el atolón Kwajalein, en el Pacífico, solo para estrellarse poco después debido a una fuga de combustible. El segundo intento, en 2007, tampoco logró el objetivo: el cohete falló en plena etapa de separación. El tercero, en agosto de 2008, acabó en otra explosión que destruyó la carga útil. Tres fracasos consecutivos que, en cualquier otra empresa, habrían significado el final.

El propio Musk reconoció más tarde que, tras el tercer fallo, la compañía estaba al borde de la bancarrota. Había invertido gran parte de su fortuna personal y el dinero se agotaba. SpaceX estaba a un solo intento de desaparecer. Aquellos meses fueron para Musk un tiempo de insomnio, préstamos arriesgados y tensión insoportable: Tesla también atravesaba problemas financieros y parecía que ambos proyectos —autos eléctricos y cohetes privados— iban a colapsar juntos. Pero en septiembre de 2008, ocurrió lo que Musk describió como un "milagro técnico". El cuarto lanzamiento del Falcon 1 alcanzó con éxito la órbita terrestre. Ese triunfo no solo rescató la reputación de SpaceX: fue también la condición necesaria para que la NASA firmara un contrato de 1.600 millones de dólares dentro de su programa de transporte de carga hacia la Estación Espacial Internacional. Musk había estado a punto de perderlo todo, pero en un giro dramático consiguió lo contrario: legitimar la empresa y abrir la puerta a una nueva era del negocio espacial.

Aquellos primeros fracasos, lejos de desanimarlo, consolidaron su estilo: perseverancia obsesiva, tolerancia al riesgo extremo y la convicción de que, incluso al borde del abismo, era posible dar un salto hacia adelante. SpaceX no solo sobrevivió; a partir de ese momento comenzó a construir la narrativa de que los cohetes podían dejar de ser patrimonio exclusivo de los estados y convertirse en proyectos privados guiados por un hombre con fe en Marte. El contrato con la NASA en 2008 fue, para Musk, mucho más que un salvavidas financiero: fue la consagración de SpaceX como un actor legítimo en la carrera espacial. La agencia estadounidense, símbolo del poder estatal y del prestigio científico de la Guerra Fría, abría sus puertas a una empresa privada fundada apenas seis años antes por un millonario exiliado del mundo digital. Lo que parecía imposible —que un emprendedor del sector tecnológico compitiera con corporaciones tradicionales como Boeing o Lockheed Martin— se convirtió en realidad.

Con el programa Commercial Orbital Transportation Services (COTS), la NASA buscaba externalizar parte de sus operaciones, reduciendo costos y transfiriendo riesgos a empresas privadas. SpaceX encajaba perfectamente en esa estrategia: ágil, arriesgada y con un discurso que convertía cada logro en espectáculo mediático. Musk supo aprovecharlo.

En 2012, el Falcon 9 y la cápsula Dragon lograron acoplarse con éxito a la Estación Espacial Internacional (EEI), un hito histórico: por primera vez, una empresa privada enviaba carga a la órbita en nombre de la NASA. El evento consolidó a SpaceX como pionera de la nueva era espacial privatizada. La frontera que antes separaba lo público de lo privado en la exploración del cosmos comenzaba a diluirse.

Los beneficios para Musk fueron múltiples. Por un lado, legitimidad: ya no era un millonario excéntrico jugando con cohetes, sino un socio de la agencia espacial más influyente del planeta. Por otro, dinero: los contratos multimillonarios aseguraban ingresos estables en una compañía que había estado a punto de desaparecer. Y, quizás lo más importante, poder narrativo: Musk podía presentarse como el hombre que estaba devolviendo a

Estados Unidos la grandeza espacial perdida tras el fin del programa del transbordador.

Pero este triunfo también abrió un debate incómodo. ¿Qué significaba que la NASA, financiada con dinero público, entregara la exploración espacial a empresas privadas? Para algunos, era una muestra de pragmatismo: la innovación florecía más rápido fuera de la burocracia estatal. Para otros, representaba una cesión peligrosa: la colonización del espacio dejaba de ser un proyecto colectivo de la humanidad para convertirse en negocio de corporaciones guiadas por intereses propios.

Musk, por supuesto, aprovechó esa ambigüedad. Se presentaba como visionario altruista, convencido de que su misión era garantizar la supervivencia de la especie en Marte, mientras aseguraba contratos millonarios que consolidaban a SpaceX como el nuevo monopolio del espacio privatizado.

El matrimonio entre la NASA y Musk inauguró una nueva etapa histórica: la era de la exploración espacial corporativa, donde las fronteras del cosmos ya no dependían exclusivamente de gobiernos, sino de empresarios con ambiciones planetarias y accionistas atentos al valor en bolsa. Y en ese nuevo escenario, Elon Musk no solo jugaba: empezaba a reescribir las reglas. Si SpaceX nació con la ambición de conquistar Marte, el proyecto Starlink convirtió a Elon Musk en algo más inmediato: un actor central en el control de las comunicaciones globales. Lo que comenzó como un sistema de satélites para llevar Internet a zonas remotas pronto se transformó en una infraestructura planetaria capaz de alterar la geopolítica.

Starlink se presentó como una promesa libertadora. En regiones aisladas, donde ni los cables de fibra óptica ni las antenas convencionales llegaban, la red de satélites ofrecía conexión de alta velocidad. Comunidades rurales en América Latina, África y Asia celebraron la posibilidad de integrarse al mundo digital gracias a un servicio que parecía romper barreras históricas. En casos de emergencias —huracanes, incendios, terremotos—, Starlink también demostró su utilidad como red resiliente que podía mantenerse activa cuando las infraestructuras tradicionales colapsaban.

Pero su despliegue masivo, con miles de satélites en órbita baja, generó controversias inmediatas. Astrónomos de todo el mundo alertaron que la proliferación de estos objetos luminosos contaminaba visualmente el cielo, dificultando la observación científica. Los ambientalistas denunciaron el riesgo de aumentar la chatarra espacial, con colisiones en cadena que podrían volver inservibles grandes franjas de la órbita terrestre.

Más inquietantes aún fueron las implicaciones políticas y militares. Durante la guerra en Ucrania, el gobierno de Kiev utilizó Starlink para mantener sus comunicaciones estratégicas frente a la invasión rusa. Musk, al facilitar el servicio, se convirtió de facto en un actor geopolítico: un empresario privado capaz de influir en un conflicto armado. Poco después, en medio de presiones internacionales, limitó ciertas funciones del sistema en el frente, despertando críticas que lo acusaban de actuar como árbitro unilateral en asuntos de guerra.

La paradoja estaba servida. Para algunos, Starlink era un instrumento de democratización, un puente digital que conectaba a los desconectados del planeta. Para otros, era un panóptico orbital, una red controlada por un solo hombre que podía decidir, casi sin rendir cuentas, quién se comunica y quién queda aislado.

Con Starlink, Musk no solo extendió su dominio empresarial: entró en la esfera de la soberanía digital, un terreno hasta entonces reservado a los Estados. La red que prometía liberar a los individuos podía convertirse, en manos equivocadas o en circunstancias extremas, en una herramienta de vigilancia y control a escala global.

Starlink es, en definitiva, un espejo del propio Musk: utopía y distopía al mismo tiempo, innovación deslumbrante y amenaza silenciosa. Una telaraña en el cielo que puede conectar a la humanidad... o atraparla.

Desde que Elon Musk fundó SpaceX, Marte se convirtió en su horizonte absoluto. No se trataba únicamente de lanzar cohetes ni de competir con la NASA: su discurso, repetido hasta la obsesión, era que la humanidad debía convertirse en una especie multiplanetaria para garantizar su supervivencia. Una catástrofe en la Tierra —guerra nuclear, colapso climático, impacto de asteroide— podía extinguirnos. Marte, en esa narrativa, era el arca de Noé del siglo XXI.

La visión no carecía de grandeza. Colonizar un planeta hostil, sin aire respirable, con temperaturas extremas y tormentas de polvo, parecía un desafío a la medida de la épica humana. Musk hablaba de construir ciudades autosuficientes en Marte, con invernaderos, fábricas y comunidades capaces de prosperar sin depender de la Tierra. Su frase más célebre sobre el tema —"Quiero morir en Marte, solo que no al impactar"— condensaba el tono entre heroico y provocador con el que presentaba su ambición.

Pero el proyecto levantó tantas dudas como admiraciones. Científicos, ingenieros y filósofos se preguntaban si se trataba de una visión civilizatoria o de un escapismo elitista. ¿Era realmente viable trasladar a millones de personas a un planeta inhóspito? ¿O se trataba de un lujo reservado para una élite capaz de pagar billetes interplanetarios, mientras la mayoría quedaba en la Tierra enfrentando el caos ambiental?

Críticos acusaron a Musk de vender una fantasía peligrosa: mientras desviaba recursos hacia Marte, descuidaba los problemas urgentes de nuestro propio planeta. El riesgo, decían, era que la promesa de colonizar otro mundo sirviera como coartada para no resolver las crisis de la Tierra: desigualdad, hambre, contaminación, cambio climático.

Musk respondía con la lógica de la redundancia: no se trata de abandonar la Tierra, sino de asegurar un plan B. Marte como respaldo, no como sustituto. Sin embargo, en sus conferencias y entrevistas quedaba claro que el atractivo simbólico de la colonización superaba cualquier argumento racional. Marte era, para él, la nueva frontera, el espacio donde la humanidad podía renacer como civilización cósmica, con él como pionero.

El "sueño marciano" condensa la paradoja esencial de Musk. Para algunos, es la continuación natural de la aventura humana: extender la vida más allá de su cuna planetaria. Para otros, un espejismo narcisista que desvía la atención de los verdaderos desafíos aquí y ahora. Sea escapismo o visión, lo cierto es que Musk ha logrado algo extraordinario: colocar la colonización de Marte en la agenda pública mundial, no como un relato de ciencia ficción, sino como una posibilidad concreta. Mientras la humanidad lucha por sobrevivir a sus propias contradicciones en la Tierra, un hombre insiste en recordarnos que nuestro futuro —o nuestro delirio— puede estar escrito en el polvo rojo de Marte.

5. NEURALINK Y EL DESEO DE CONTROLAR LA MENTE

E lon Musk nunca se conformó con autos eléctricos o cohetes espaciales. Su ambición iba más allá de la Tierra y más allá de la materia: quería entrar en la última frontera, la más íntima y sagrada, el cerebro humano. Con Neuralink, fundada en 2016, Musk presentó al mundo un proyecto que parecía sacado directamente de la ciencia ficción: implantar chips neuronales capaces de traducir los impulsos eléctricos de la mente en lenguaje comprensible para una máquina.

El objetivo inicial era noble y pragmático: ayudar a pacientes con parálisis, ceguera o enfermedades neurológicas a recuperar funciones perdidas. Musk hablaba de devolver la movilidad a quienes habían sufrido lesiones medulares, de restaurar la visión a los ciegos o de permitir que una persona controlara un ordenador con solo pensarlo. Una revolución médica que, de lograrse, cambiaría para siempre el horizonte de la neurociencia. Pero en paralelo a estas promesas surgía un segundo relato, mucho más inquietante. Musk advertía con insistencia sobre los riesgos de la inteligencia artificial descontrolada y proponía Neuralink como una especie de "escudo evolutivo": si las máquinas iban a volverse más inteligentes que nosotros, la única forma de sobrevivir era fusionarnos con ellas. En su lógica, el chip neuronal no era solo una prótesis médica, sino el primer paso hacia una humanidad aumentada, capaz de competir con la superinteligencia artificial que él mismo auguraba.

La megalomanía del proyecto era evidente. Musk hablaba de telepatía digital, de transferir recuerdos, de "guardar y reproducir la mente" como si fuera un archivo. Sus presentaciones públicas mezclaban demostraciones técnicas con imágenes de un futuro casi transhumanista, donde la frontera entre lo humano y lo artificial se difuminaba. Para sus críticos, se trataba de un delirio tecnocrático con implicaciones éticas abismales: ¿qué significa ser humano si nuestros pensamientos pueden ser leídos, almacenados o manipulados por un chip?

La ciencia detrás de Neuralink avanza, pero a un ritmo más modesto que las declaraciones de su fundador. Los primeros experimentos se han realizado en animales, y recientemente, en humanos voluntarios. La tecnología todavía está lejos de cumplir las visiones grandilocuentes de Musk, pero cada pequeño avance es presentado como un hito revolucionario. Y cada anuncio, como siempre, alimenta tanto la esperanza de una cura como el temor a un futuro distópico. Conectar el cerebro a las máquinas: esa es la ambición central de Neuralink. Una promesa que oscila entre el milagro médico y la pesadilla orwelliana, entre la ciencia más avanzada y la megalomanía de un hombre que no parece reconocer límites. En el corazón del proyecto late la misma paradoja que recorre toda la vida de Musk: la obsesión por salvar a la humanidad y, al mismo tiempo, la capacidad de ponerla en riesgo en nombre del progreso.

Detrás de las luces futuristas de las presentaciones de Neuralink se esconde una realidad mucho más oscura: la de los experimentos con animales. Desde sus primeros ensayos, la compañía recurrió a monos, cerdos y ratas para probar la viabilidad de los implantes cerebrales. En los escenarios públicos, Musk mostraba cerdos con chips capaces de transmitir señales neuronales o monos que jugaban a videojuegos con la mente, como si fueran embajadores de un futuro fascinante.

Pero fuera del espectáculo, comenzaron a filtrarse informes inquietantes. Veterinarios y exempleados denunciaron procedimientos invasivos, operaciones fallidas y animales que sufrían hemorragias cerebrales, infecciones y muertes prematuras. En 2022, el Comité de Médicos por una Medicina Responsable (PCRM, por sus siglas en inglés) presentó una queja formal contra Neuralink, acusando a la empresa de violar leyes de bienestar animal y de llevar a cabo experimentos dolorosos sin justificación suficiente.

Los reportes hablaban de decenas de monos muertos en pruebas mal ejecutadas, de implantes que se desplazaban dentro del cráneo y de sacrificios masivos por errores técnicos. Las acusaciones pintaban un panorama perturbador: Neuralink parecía avanzar no tanto gracias a un progreso científico meticuloso, sino a base de ensayo y error, con los animales como víctimas invisibles del sueño transhumanista.

Musk, como suele hacer, respondió minimizando las críticas. Alegó que los experimentos eran necesarios para alcanzar avances médicos revolucionarios y que los animales usados no sufrían más de lo "estrictamente inevitable". Pero la controversia ya estaba instalada: ¿cuál es el límite ético de la ciencia cuando se experimenta con la conciencia misma? ¿Es legítimo dañar a seres vivos en nombre de un futuro incierto donde la humanidad pueda fusionarse con las máquinas?

Más allá de las denuncias concretas, Neuralink abrió un debate mayor. Para algunos, estos sacrificios forman parte del precio histórico del progreso: como los primeros vuelos espaciales que usaron perros y chimpancés, o las vacunas desarrolladas con pruebas dolorosas en animales. Para otros, es un signo de arrogancia tecnológica: Musk juega a moldear la mente humana sin haber resuelto aún los dilemas básicos de la compasión y la ética científica.

En Neuralink, la promesa de salvar vidas convive con la sombra de haberlas destruido en el camino. Y esa contradicción alimenta la sospecha de que, detrás de la visión heroica de Musk, se esconde un laboratorio más cercano a Frankenstein que a la medicina regenerativa. Neuralink no plantea únicamente un desafío tecnológico o médico: abre una pregunta ontológica sobre la naturaleza misma de lo humano. ¿Dónde termina la persona y dónde empieza la máquina? ¿Hasta qué punto podemos modificar nuestra mente sin alterar aquello que nos define como especie?

Musk presenta sus implantes como una extensión natural de la evolución: así como los teléfonos móviles ya funcionan como prótesis externas —memorias auxiliares, agendas, mapas, fuentes de conocimiento—, un chip cerebral sería simplemente el siguiente paso. En su visión, fusionarse con la inteligencia artificial es un modo de no quedar obsoletos frente a las máquinas que nosotros mismos hemos creado.

Pero la propuesta es más inquietante de lo que parece. Conectar el cerebro a dispositivos externos implica abrir la intimidad de la conciencia. Si un chip puede leer nuestros pensamientos, ¿qué impide que pueda registrarlos, compartirlos o manipularlos? La frontera entre libre albedrío y programación podría diluirse. Y con ella, nociones básicas como la responsabilidad, la intimidad o incluso la identidad personal.

Los filósofos lo advierten: la promesa de "aumentar" al ser humano puede convertirse en una forma de deshumanización. Si nuestros recuerdos pueden transferirse a una máquina, ¿seguimos siendo nosotros? Si una empresa privada controla la interfaz entre mente y algoritmo, ¿quién garantiza que no habrá abuso, espionaje o control social? La distopía orwelliana ya no se proyecta sobre pantallas, sino dentro de nuestras propias neuronas.

El debate no es nuevo —la ciencia ficción lleva décadas explorando estas tensiones—, pero Neuralink lo convierte en un horizonte tangible. ¿Será el chip cerebral un instrumento de liberación, capaz de devolver funciones perdidas y expandir la conciencia? ¿O será la primera piedra de una era en la que la mente deje de ser un espacio inviolable, reducido a datos manipulables?

Musk responde con su característico pragmatismo: "Lo importante es avanzar. Los dilemas éticos se resolverán en el camino". Pero esa frase, que puede sonar inspiradora para algunos, encierra un riesgo monumental: que el futuro de lo humano quede definido no por consensos democráticos ni debates filosóficos, sino por la voluntad unilateral de un empresario. Neuralink nos enfrenta a la pregunta central de nuestra época: ¿qué queremos preservar de lo humano cuando decidamos reinventarlo? Y, sobre todo, ¿quién tendrá el poder de decidirlo?

6. THE BORING COMPANY Y OTRAS IDEAS SACADAS DE CÓMICS

E lon Musk siempre ha mostrado una aversión visceral al tráfico. En sus propias palabras, estar atrapado en un atasco es "una de las cosas que más odio en la vida". De ese fastidio cotidiano nació, en 2016, una de sus ideas más peculiares: The Boring Company, una empresa dedicada a construir túneles y subterráneos que, según él, revolucionarían la movilidad urbana.

El planteamiento era aparentemente simple: si las calles están saturadas de coches, la solución es abrir una red de autopistas bajo tierra, donde vehículos eléctricos viajarían a alta velocidad en cápsulas o plataformas especiales. Musk lo describió como un "ascensor de coches", un sistema futurista que parecía salido de un cómic de ciencia ficción o de los croquis imposibles de un ingeniero adolescente.

La primera prueba piloto se realizó en Hawthorne, California, cerca de la sede de SpaceX. El resultado distó mucho de ser la revolución prometida: un túnel de apenas dos kilómetros, donde los autos Tesla circulaban a velocidades modestas, sin el sistema de cápsulas automatizadas que Musk había anunciado. La prensa lo apodó el "carril bici más caro del mundo", un pasadizo subterráneo que no solucionaba el tráfico, sino que lo trasladaba unos metros más abajo.

El proyecto en Las Vegas, inaugurado en 2021, tampoco cumplió las expectativas épicas. Musk lo había vendido como un sistema capaz de mover miles de personas por hora, pero en la práctica consistió en una flota de Teslas conducidos manualmente por choferes a través de túneles estrechos iluminados con luces de neón. Una versión futurista del taxi, con menos capacidad que el metro y más riesgos en caso de accidente o incendio.

Los críticos lo señalaron con dureza: ¿por qué excavar costosos túneles para transportar autos privados cuando el verdadero reto urbano es reforzar el transporte público masivo? Para los urbanistas, The Boring Company no era más que un capricho disfrazado de innovación, una solución elitista que ignoraba el carácter estructural del problema del tráfico: demasiados coches, demasiado espacio dedicado a ellos y muy poca inversión en alternativas sostenibles.

Musk, como siempre, respondió con sarcasmo. Dijo que los críticos "no entienden el poder de la simplicidad" y prometió nuevas expansiones. A la vez, rentabilizó la empresa con un golpe de marketing digno de cómic: vendiendo lanzallamas de edición limitada bajo el lema "Para cuando llegue el apocalipsis zombi". El producto, oficialmente llamado "Not-a-Flamethrower", se agotó en horas, recaudando millones y consolidando a The Boring Company como una mezcla entre ingeniería experimental y espectáculo comercial.

En el fondo, la paradoja era clara: The Boring Company nació para liberar a las ciudades del tráfico, pero sus soluciones parecían más orientadas a alimentar el mito de Musk como *tinkerer*[1] futurista que a resolver los problemas reales de movilidad urbana. Un túnel que no llevaba al futuro, sino de regreso a la vieja pregunta: ¿es Musk un visiona-

---

[1] El término *tinkerer* proviene del inglés y designa, originalmente, al artesano ambulante que reparaba objetos metálicos domésticos, como ollas o utensilios, en los pueblos europeos desde la Edad Media. Con el tiempo, la palabra adquirió un sentido más amplio y simbólico: el de una persona curiosa, inventiva y autodidacta que experimenta, repara o mejora artefactos por iniciativa propia, sin seguir necesariamente métodos formales. En la cultura contemporánea, *tinkerer* se asocia con el espíritu innovador de los inventores caseros, los *makers* y los pioneros de la tecnología que aprenden creando, equivocándose y volviendo a intentar, encarnando así una forma práctica y lúdica de inteligencia creativa.

rio de la ingeniería o un mago del humo con mucho carisma?

En 2013, en medio de una conferencia repleta de periodistas y entusiastas de la tecnología, Musk presentó lo que definió como su visión para el futuro del transporte interurbano: el Hyperloop. Un sistema de cápsulas que viajarían a velocidades supersónicas dentro de tubos de baja presión, conectando ciudades en cuestión de minutos. San Francisco a Los Ángeles en media hora; Nueva York a Washington en apenas 29 minutos. Una revolución digna de Julio Verne, pero narrada en clave de Silicon Valley.

El concepto no era completamente nuevo: los trenes de levitación magnética en Asia ya exploraban principios similares. Lo distintivo fue la forma en que Musk lo presentó: como una solución definitiva al transporte moderno, más rápida que los aviones, más barata que los trenes bala y más limpia que cualquier otra alternativa. El entusiasmo fue inmediato. Medios de todo el mundo titularon con frases como "El tren del futuro ya está aquí".

Sin embargo, la realidad fue menos deslumbrante. Musk publicó un *white paper* con ideas generales, pero pronto dejó claro que no iba a construir el Hyperloop él mismo.

En su lugar, invitó a universidades, startups y gobiernos a competir para desarrollar prototipos. Surgieron empresas derivadas —Hyperloop One, Virgin Hyperloop— que intentaron materializar la idea. Algunas lograron pequeñas demostraciones a escala, cápsulas recorriendo unos cientos de metros en túneles experimentales, pero nada que se pareciera al futuro interurbano que Musk había anunciado.

Diez años después, el Hyperloop sigue más vivo en Twitter, en titulares y en foros de fans que en los rieles. Los costos de construir tubos al vacío de cientos de kilómetros resultaron astronómicos; los desafíos de seguridad, inabarcables. Incluso las compañías derivadas han ido abandonando discretamente el proyecto: Virgin Hyperloop, la más avanzada, despidió a gran parte de su personal en 2022 y reconvirtió sus esfuerzos hacia el transporte de carga, renunciando al sueño de pasajeros supersónicos.

Mientras tanto, Musk utilizaba el concepto como arma retórica. Cada vez que un gobierno proponía invertir en trenes de alta velocidad —como el tren bala en California—, él sacaba a relucir el Hyperloop como una alternativa superior. El resultado fue retrasar debates políticos, dividir apoyos y sembrar dudas sobre proyectos reales, mientras su propuesta quedaba en el terreno del marketing futurista.

El Hyperloop encarna la esencia de las ideas más polémicas de Musk: brillantes en el papel, virales en redes sociales, pero casi imposibles en el mundo físico. Para sus admiradores, sigue siendo una promesa latente, una semilla de futuro que algún día florecerá. Para sus detractores, no es más que otra cortina de humo, un concepto que jamás estuvo destinado a materializarse y que funcionó mejor como distracción y propaganda que como ingeniería viable. En definitiva, el Hyperloop es el transporte más veloz jamás concebido: viaja a la velocidad del hype.

The Boring Company y el Hyperloop condensan a la perfección la doble cara del fenómeno Musk. Por un lado, la creatividad desbordante de un emprendedor que no teme lanzar proyectos imposibles, explorar terrenos que otros consideran absurdos y dar forma a imaginarios que parecen salidos de las páginas de un cómic. Por otro, la sospecha constante de que muchas de sus iniciativas no son más que propaganda de humo, diseñada para generar titulares, distraer a críticos y sostener la narrativa del genio visionario.

Musk sabe que la innovación no vive solo en los laboratorios: también se construye en la imaginación colectiva. Sus ideas funcionan como semillas de futuro, aunque muchas jamás germinen. El túnel de Las Vegas con Teslas en fila india no resolvió el tráfico, pero reforzó la imagen de un hombre dispuesto a reinventar la ciudad. El Hyperloop nunca unió San Francisco y Los Ángeles, pero sirvió para instalar la idea de que cualquier tren convencional parecía obsoleto frente a sus fantasías supersónicas.

Para los defensores de Musk, estas propuestas, aunque imperfectas, cumplen una función cultural: romper la inercia, forzar a gobiernos e industrias a pensar más allá de lo inmediato. La historia —dicen— está llena de inventores ridiculizados en su tiempo que sentaron las bases para avances posteriores. ¿Y si el Hyperloop fracasa hoy pero abre el camino a una tecnología viable mañana?

Para los críticos, en cambio, este patrón es una estrategia calculada: vender humo disfrazado de futuro para mantener su magnetismo mediático y distraer de problemas más urgentes. En este sentido, Musk no sería tanto un innovador como un hábil *ilusionista,* que convierte promesas grandilocuentes en combustible para su culto personal.

Lo cierto es que Musk se mueve en esa frontera ambigua entre la genialidad y la farsa, entre la visión auténtica y la propaganda deliberada. Su creatividad, indudablemente, lo distingue; pero también su capacidad para inflar expectativas más rápido de lo que la realidad puede sostener. En última instancia, proyectos como The Boring Company o el Hyperloop dejan una pregunta incómoda: ¿estamos ante un visionario incomprendido que abre portales al futuro, o ante un vendedor de ilusiones que ha aprendido a monetizar nuestros sueños colectivos? Quizá, como ocurre tantas veces con Musk, la respuesta sea ambas cosas a la vez.

7. ELON Y TRUMP: ALIADOS, RIVALES Y ESPEJOS ROTOS

La relación entre Elon Musk y Donald Trump parece sacada de un espejo deformante: dos hombres de egos colosales, populistas en sus discursos, capaces de polarizar a millones y, al mismo tiempo, depender de la atención mediática como oxígeno vital. Sin embargo, no siempre fueron rivales. Sus caminos comenzaron con una colaboración estratégica que, durante un tiempo, los presentó como aliados naturales en la intersección entre negocios, política y espectáculo.

Cuando Trump llegó a la presidencia en 2017, Musk aceptó un asiento en dos de sus consejos asesores: el *Presidential Strategic and Policy Forum* y el *Manufacturing Jobs Initiative*. Su presencia sorprendió a muchos: el supuesto futurista verde, defensor de la energía renovable y de Marte, se sentaba junto al magnate inmobiliario que había hecho campaña burlándose del cambio climático. Musk justificó su decisión con pragmatismo: "Prefiero estar dentro intentando influir que fuera criticando sin impacto".

Durante esos primeros meses, Musk intentó tender puentes. Presionó para que Estados Unidos no abandonara los compromisos del Acuerdo de París y promovió inversiones en energías limpias. Al mismo tiempo, Trump utilizaba la presencia de Musk como aval: mostraba al mundo que incluso los iconos de Silicon Valley reconocían su liderazgo. Era un matrimonio incómodo pero funcional, donde ambos se beneficiaban de la foto conjunta. El distanciamiento político llegó pronto. Cuando Trump anunció en junio de 2017 la salida de Estados Unidos del Acuerdo de París, Musk reaccionó con un gesto calculado: abandonó los consejos asesores, proclamando que no podía colaborar con un gobierno que negaba la ciencia climática. La ruptura fue celebrada por progresistas y ambientalistas, y Musk reforzó así su imagen de empresario visionario que antepone principios a conveniencias.

No obstante, la relación nunca se rompió del todo. Años después, con Trump fuera de la Casa Blanca y Musk más activo en la arena política, las coincidencias volvieron a aflorar: críticas al progresismo, burlas al "wokeismo" y un estilo de comunicación en redes sociales marcado por la provocación. Aunque se distanciaron en el plano institucional, ambos continuaron siendo espejos deformados uno del otro, reflejando los excesos de un tiempo donde la política y el espectáculo son casi indistinguibles.

Lo que comenzó como una alianza estratégica terminó en un distanciamiento público, pero el eco de esa relación sigue latente: Musk y Trump, aunque rivales, comparten un mismo terreno simbólico, el de figuras que dividen, atraen y escandalizan a partes iguales. Si la relación entre Musk y Trump comenzó con gestos de colaboración pragmática, pronto se volvió un campo de choques ideológicos y mediáticos, especialmente en tres frentes: la pandemia de COVID-19, el cambio climático y la política de vacunación.

Durante los primeros meses de la pandemia en 2020, Musk adoptó un tono desafiante y polémico. Minimizó los riesgos del virus, lo calificó en Twitter como *"dumb"* ("tonto") y criticó las medidas de confinamiento que afectaban la producción en las fábricas de Tesla. "La histeria del coronavirus es estúpida", tuiteó en marzo, en plena expansión de la crisis. Sus declaraciones coincidían con la línea de Trump, que en ese momento también restaba importancia a la pandemia. Sin embargo, el enfrentamiento estalló cuando Musk desafió directamente a las autoridades de California para reabrir su planta de Fremont en contra de las órdenes de cierre.

Trump salió a defenderlo públicamente, elogiando a Musk como "uno de nuestros grandes genios". Pero la coincidencia fue efímera: Musk criticó duramente la gestión federal de la pandemia y, más tarde, atacó la lentitud del plan de vacunación. Aunque él mismo recibió la vacuna y alentó a otros a hacerlo, también difundió dudas sobre su efectividad absoluta, chocando tanto con las posiciones oficiales de Trump como con las de la administración Biden.

En cuanto al cambio climático, la brecha era más profunda. Musk, con Tesla y SolarCity, había construido toda su narrativa en torno a la transición hacia energías renovables. Trump, en contraste, defendía el carbón, el petróleo y el fracking, y llegó a calificar el cambio climático como un "engaño chino". La salida de Estados Unidos del Acuerdo de París simbolizó la ruptura: Musk abandonó los consejos presidenciales y se presentó como el empresario que no sacrificaba sus principios verdes en nombre del poder político. Ese gesto tensó la relación y marcó el inicio de una rivalidad más visible.

Con las vacunas, ambos encarnaron estilos distintos de populismo. Trump presumía de la "Operación Warp Speed" como su logro histórico, pero dudaba en hacer campaña abierta a favor de la vacunación masiva por temor a perder apoyo entre sus bases escépticas. Musk, por su parte, se vacunó pero adoptó una postura ambigua: defendía la libertad individual de elegir y, al mismo tiempo, cuestionaba la obligatoriedad de las vacunas, un discurso que resonaba en sectores libertarios y de ultraderecha.

En estos tres temas, Musk y Trump se cruzaban como rivales cercanos: a veces aliados circunstanciales, a veces críticos abiertos, siempre en busca de protagonismo. La pandemia mostró que Musk no era simplemente un empresario tecnológico: era un actor político global, dispuesto a disputar la narrativa incluso al propio presidente de Estados Unidos.

Con el paso de los años, la relación entre Elon Musk y Donald Trump dejó de ser un juego de equilibrios pragmáticos para convertirse en un duelo abierto por la narrativa del poder. Ambos comparten una característica fundamental: necesitan el centro del escenario, la atención constante, el aplauso —o el abucheo— de millones. Pero en un espacio mediático donde solo uno puede ser "el protagonista absoluto", la convivencia se volvió imposible.

En 2022, tras la compra de Twitter (rebautizada como X), Musk comenzó a ocupar un terreno que Trump había dominado durante años: el de la plaza pública digital. Mientras el expresidente seguía bloqueado en las principales redes sociales, Musk se convertía en árbitro de lo que podía o no podía decirse en la plataforma más influyente del debate político. Ese cambio de roles avivó tensiones. Trump veía a Musk como un "ingrato" que se beneficiaba de su legado populista, mientras Musk insinuaba que Trump estaba "demasiado viejo" para liderar el futuro de Estados Unidos.

La disputa se intensificó con intercambios de insultos directos. Trump lo llamó "otro artista de las subvenciones", acusándolo de vivir de contratos gubernamentales disfrazados de genialidad privada. Musk respondió con ironía, sugiriendo que Trump debía "colgar las botas" y retirarse de la política. La guerra de declaraciones se convirtió en un espectáculo paralelo, seguido como un combate de boxeo entre dos titanes del ego.

Más allá de los insultos, estaba en juego algo más profundo: quién controla la narrativa del poder en la era digital. Trump representa el populismo político tradicional, basado en mítines, slogans y partidos. Musk encarna el nuevo populismo tecnológico, que se articula en plataformas digitales, memes y algoritmos capaces de movilizar masas sin intermediarios. Uno habla desde los escenarios políticos; el otro desde un timeline global.

En este choque se cruzan también visiones de futuro distintas. Trump mira hacia un pasado idealizado —"Make America Great

Again"—, mientras Musk proyecta un futuro colonizado por autos eléctricos, satélites y viajes a Marte. Pero ambos comparten el mismo combustible: el culto al ego y la necesidad de dividir al público entre fieles y detractores. El duelo Musk-Trump no es solo una disputa personal: es el símbolo de una transición histórica. La política ya no se juega únicamente en los parlamentos ni en las urnas, sino también en las redes sociales y en la capacidad de un empresario de moldear la conversación global con un solo *tuit*.

Aunque la relación entre Elon Musk y Donald Trump esté marcada por choques, insultos y rivalidades abiertas, ambos comparten un terreno ideológico sorprendentemente similar. No son idénticos —uno es empresario global y el otro político nacionalista—, pero se reflejan en ciertas actitudes que explican por qué tantas veces parecen aliados y enemigos al mismo tiempo.

En primer lugar, los dos encarnan un populismo de estilo, más que de programa. Trump lo hizo con su retórica de "hablar como el pueblo" y enfrentarse a las élites políticas tradicionales; Musk lo hace presentándose como un "outsider" que desafía a burócratas, sindicatos y medios de comunicación. Ambos saben explotar el descontento social y dirigirlo contra enemigos comunes: políticos, periodistas, reguladores, académicos, cualquiera que cuestione su poder.

Luego está el nacionalismo tecnológico. Trump predicaba "America First" en la economía y la política; Musk lo replica en la innovación. Tesla, SpaceX, Neuralink o Starlink son presentadas como empresas que devuelven a Estados Unidos el liderazgo mundial, frente a la amenaza de China o el estancamiento de Europa. Aunque Musk se mueva en un mercado global, su narrativa siempre coloca a sus compañías como pilares de un renacimiento tecnológico estadounidense.

El tercer punto en común es el culto al ego. Trump construyó un imperio político-mediático alrededor de su nombre, su marca y su figura personal. Musk, en paralelo, ha convertido sus empresas en extensiones de sí mismo: Tesla no es solo un fabricante de autos eléctricos, es "Musk salvando al planeta"; SpaceX no es una compañía de cohetes, es "Musk llevándonos a Marte". Sus seguidores no compran solo un producto o una propuesta política: se adhieren a un mito personalista.

Ambos son también maestros de la comunicación directa, capaces de saltarse los filtros de los medios y hablar a sus audiencias de forma cruda y espectacular. Trump con sus mítines y su cuenta de Twitter (hasta ser expulsado), Musk con sus hilos interminables en X, cargados de sarcasmo, memes y declaraciones incendiarias. En ambos casos, la polémica no es un accidente: es una herramienta estratégica.

Por eso, más allá de los insultos y las diferencias coyunturales, Musk y Trump se parecen más de lo que ambos quisieran admitir. Son símbolos de una época en la que el poder ya no depende solo de instituciones o resultados tangibles, sino de la capacidad de construir narrativas virales que dividan al público y generen lealtad incondicional. Al final, la paradoja persiste: Trump y Musk son rivales que se detestan, pero también espejos que se necesitan. Cada uno refuerza la existencia del otro, como si fueran dos polos de un mismo fenómeno cultural: la era del líder que se impone no por la coherencia de su programa, sino por la magnitud de su ego y la ferocidad de su espectáculo.[2]

---

[2] Elon Musk ingresó en enero de 2025 como figura central en el denominado Department of Government Efficiency (DOGE), creado por Trump para recortar burocracia y gastos públicos, lo que le otorgó gran influencia dentro del Ejecutivo. Pero hacia junio, Musk rompió con el presidente: criticó duramente el "One Big Beautiful Bill", pidió incluso el juicio político y acusó a Trump de falta de gratitud. Trump respondió con advertencias y amenazas de retirar subsidios o contratos a las empresas de Musk. La disputa pública escaló con intercambios muy duros en

redes y prensa. Sin embargo, luego de esa tormenta, se vislumbraron gestos de reconciliación: Musk borró o matizó algunos ataques y compartió publicaciones favorables a Trump. Finalmente, en septiembre de 2025, ambos se reencontraron públicamente en un acto conjunto, marcando un nuevo acercamiento tras el enfrentamiento.

8. TWITTER/X: EL LABORATORIO DEL CAOS

El 14 de abril de 2022, Elon Musk anunció lo que parecía otra de sus provocaciones habituales: ofrecería 44.000 millones de dólares para comprar Twitter, la red social que se había convertido en ágora política global, pero que llevaba años en crisis de identidad. Al principio, nadie lo tomó en serio. Musk tenía un historial de lanzar ideas en Twitter que iban desde colonizar Marte hasta enviar coches al espacio; ¿por qué no añadir la compra de la propia plataforma donde se presentaba como un gladiador digital?

Sin embargo, lo que empezó como un tuit se transformó en la adquisición tecnológica más controvertida de la década. Musk no solo se comprometía a pagar una suma colosal —financiada con ventas de acciones de Tesla, préstamos bancarios y aportaciones de socios privados—, sino que también lo hacía bajo un discurso casi mesiánico: "Quiero salvar la libertad de expresión". En un mundo polarizado, Twitter sería, en su visión, el foro democrático por excelencia, libre de censura y de las "élites progresistas" que, según él, controlaban el discurso público.

El proceso fue un torbellino. En cuestión de semanas, Musk pasó de burlarse de Twitter, a firmar un acuerdo, a intentar retirarse, a ser demandado por la propia empresa para obligarlo a completar la compra. El drama judicial fue seguido minuto a minuto por medios y analistas, convirtiéndose en un espectáculo global. Finalmente, en octubre de 2022, Musk entró en la sede de San Francisco cargando un lavabo de porcelana —con el juego de palabras "Let that sink in" ("Deja que esto se asimile")—, símbolo de la mezcla de humor absurdo y marketing performático que caracteriza sus gestos.

En cambio, detrás de la puesta en escena estaba una realidad inquietante: Musk se había convertido en el dueño de la plaza pública digital más influyente del planeta. Con la compra de Twitter, rebautizado como X, un solo hombre adquiría el poder de decidir qué voces podían amplificarse, qué contenidos serían moderados y qué algoritmos gobernarían la conversación global. Nunca antes la libertad de expresión había estado tan concentrada en las manos de un individuo.

Lo más sorprendente fue el carácter impulsivo de la operación. Musk admitió después que había tomado la decisión sin un plan claro, casi como una reacción visceral a su frustración con las políticas de moderación de la red. La compra no fue el resultado de una estrategia corporativa detallada, sino de un impulso personal de uno de los hombres más ricos del mundo. Ese mismo impulso que lo había llevado a lanzar cohetes y chips cerebrales ahora le otorgaba la llave de una de las herramientas más poderosas de la política y la cultura contemporánea. El resultado fue inmediato: incertidumbre, caos, cambios bruscos en la dirección de la empresa, despidos masivos y un torrente de polémicas que transformarían Twitter/X en un laboratorio donde Musk experimentaría, sin filtros, con la comunicación global.

Nada más tomar el control de Twitter en octubre de 2022, Musk convirtió la empresa en un campo de pruebas de su estilo de gestión: brusco, personalista y radicalmente improvisado. En cuestión de días despidió a más de la mitad de los 7.500 empleados de la compañía, incluyendo equipos enteros de moderación de contenidos, ingenieros clave y departamentos de comunicación. El mensaje era claro: la red se reestructuraría a su manera, sin concesiones a los protocolos corporativos ni a las sensibilidades de Silicon Valley.

Los despidos masivos generaron un clima de miedo e incertidumbre. Muchos empleados supieron que habían perdido su trabajo cuando sus credenciales dejaron de funcionar al intentar acceder al sistema. Los que se quedaron debieron aceptar un ritmo de trabajo extenuante, al estilo Tesla y SpaceX, bajo la consigna de Musk: "ser hardcore".[3] La cultura de la improvisación y la obediencia al jefe sustituyó cualquier forma de gestión institucional.

Pero el verdadero terremoto vino con los algoritmos oscuros. Musk, obsesionado con la transparencia selectiva, publicó fragmentos del código de recomendación y prometió democratizar el acceso a la visibilidad en la red. Sin embargo, pronto se reveló que su cuenta personal recibía un trato preferencial en los algoritmos, apareciendo de forma desproporcionada en los *feeds* de millones de usuarios. El supuesto defensor de la igualdad de expre-

---

[3] *Hardcore* es un término que designa una actitud o estilo extremo, intenso y sin concesiones. En el ámbito laboral o empresarial, implica trabajar con *máxima exigencia*, largas jornadas y tolerancia cero al error. En la música, se asocia con géneros como el *hardcore punk* o el *hardcore techno*, caracterizados por su velocidad, energía y radicalidad. Más allá de su origen, "hardcore" simboliza la *entrega total*, la dureza y el rechazo a lo superficial. Representa una forma de vida basada sobre la intensidad y la resistencia a la presión.

sión parecía manipular la balanza en favor de su propia voz.

La promesa de libertad de expresión también se mostró como una libertad selectiva. Musk permitió el regreso de cuentas suspendidas por incitación al odio, desinformación o acoso, incluyendo a Donald Trump, Andrew Tate y otros personajes polémicos. Bajo el lema de "restaurar la libertad", abrió las compuertas a una avalancha de discursos extremistas y teorías conspirativas. Al mismo tiempo, bloqueó o limitó a periodistas críticos, medios rivales y usuarios que lo cuestionaban. El resultado fue un ecosistema contradictorio: más caótico, más violento y, paradójicamente, más controlado por la voluntad personal de Musk. Si antes Twitter era criticado por censura y sesgos ideológicos, ahora se había convertido en un experimento donde la arbitrariedad del dueño definía qué voces se amplificaban y cuáles quedaban silenciadas.

La paradoja era evidente: Musk había comprado Twitter en nombre de la libertad, pero lo había transformado en una extensión de su propio ego, un laboratorio donde se jugaba no solo la política global, sino también la psicología de un magnate dispuesto a moldear la conversación pública como si fuera una de sus empresas privadas. Desde el momento en que Musk entró con un lavabo en las oficinas de San Francisco, quedó claro que Twitter/X no sería gestionado como una empresa tradicional, sino como un reflejo directo de la personalidad de su dueño. La red se transformó en su megáfono personal, un espacio donde cada decisión corporativa parecía dictada no por análisis de mercado o estudios de usuarios, sino por impulsos, estados de ánimo o provocaciones públicas.

Las políticas de moderación cambiaban al ritmo de sus tuits. Un día proclamaba "amnistía general" para cuentas suspendidas; al siguiente, prohibía enlaces a plataformas rivales como Mastodon o Threads. A veces defendía la total libertad de expresión; otras, censuraba contenidos que lo incomodaban. Su gestión convertía la plataforma en un tablero de ajedrez improvisado, donde él era a la vez jugador, árbitro y dueño del tablero.

Twitter/X se volvió un espejo digital de Musk: caótico, imprevisible, grandilocuente. La red amplificaba su estilo comunicacional: memes irreverentes, declaraciones incendiarias, encuestas improvisadas para decidir políticas empresariales. La frontera entre empresa privada y espectáculo personal se diluyó. Para millones de usuarios, la experiencia de

Twitter dejó de ser comunitaria para girar alrededor de la voluntad de un solo hombre.

Incluso los símbolos de la plataforma se sometieron a su capricho. El icónico pájaro azul fue sustituido por una "X" minimalista, una marca que Musk arrastra desde sus primeros días con X.com y que obsesivamente intenta imponer como identidad de futuro. La red ya no pertenecía al mundo: pertenecía a Musk, que la moldeaba como si fuera una extensión de su biografía empresarial y de su ego digital.

En este proceso, la plataforma perdió valor financiero, anunciantes y usuarios, pero ganó algo que Musk parece valorar más que cualquier gráfico en verde: ser el centro del escenario global. Twitter/X se convirtió en un espejo de su voluntad, una red no para el debate plural, sino para proyectar el espectáculo de un magnate que juega a ser emperador del discurso público.

La gestión de Musk en Twitter/X ha sido descrita por algunos analistas como una "teoría del caos aplicada a la comunicación global". No se trata de un plan meticulosamente diseñado, sino de un experimento donde la inestabilidad, la provocación y el desconcierto funcionan como motores de cambio.

Para Musk, el caos no es un accidente: es una herramienta.

En este laboratorio digital, las reglas no se presentan como estables, sino como fluidas y arbitrarias. La incertidumbre se convierte en norma, y los usuarios nunca saben si una cuenta polémica será suspendida, reinstaurada o promovida por el algoritmo. Este constante vaivén alimenta la conversación, genera titulares y, sobre todo, mantiene a Musk en el centro del debate global. En el fondo, el caos es su estrategia de visibilidad.

Los defensores de Musk lo interpretan como una reforma radical. Argumentan que el sistema anterior de Twitter estaba dominado por élites progresistas que decidían qué podía decirse y qué no. Según esta visión, la inestabilidad es el precio de una mayor pluralidad, aunque implique soportar discursos extremistas y *fake news*. Para ellos, Musk está desmontando un orden corrupto para sustituirlo por un espacio más abierto, aunque menos cómodo.

Los críticos, en cambio, ven una destrucción deliberada. La huida masiva de anunciantes, el desplome del valor de la empresa y el aumento del discurso tóxico serían síntomas de que Musk no está construyendo nada nuevo, sino hundiendo deliberadamente la plataforma en un experimento de ego y poder. Para ellos, Twitter/X ha dejado de ser una herramienta de debate democrático para convertirse en el escenario personal de un millonario que juega con la comunicación como si fuera otro de sus juguetes tecnológicos.

Quizá la verdad esté en el punto intermedio. Musk no parece tener un plan maestro, pero sí una convicción: que el desorden genera oportunidades, y que de la ruina puede surgir un modelo distinto de interacción digital. Lo que no queda claro es si ese modelo servirá a la sociedad o solo a la narrativa de Musk como señor del caos comunicacional.

Twitter/X sigue en pie, aunque tambaleante, como un laboratorio donde se prueba una pregunta incómoda: ¿puede el caos ser una forma de gobernanza? Y si lo es, ¿hasta qué punto la humanidad está dispuesta a aceptar que la conversación pública global dependa de los caprichos de un solo hombre?

9. El nuevo partido de Musk: ¿Elonismo o estrategia política?

La evolución pública de Elon Musk en la última década revela un viraje notable: de empresario visionario que encarnaba el optimismo tecnológico de Silicon Valley a figura política con un discurso que, en ocasiones, roza los márgenes de la *alt-right* estadounidense. Aunque Musk insiste en que no pertenece a ningún partido, su estilo y sus declaraciones han empezado a dibujar las líneas de lo que muchos llaman, irónicamente, un "nuevo partido: el Elonismo".

El primer síntoma de este cambio fue su crítica frontal al progresismo. Musk comenzó a atacar en Twitter lo que denominaba "la dictadura *woke*",[4] acusando a las élites culturales y políticas de imponer un pensamiento único en torno a temas como la identidad de género, la diversidad o la justicia social. Sus mensajes resonaron en amplios sectores que veían en él a un defensor de la libertad frente a lo que consideraban excesos del progresismo académico y mediático.

Al mismo tiempo, Musk cultivó una relación ambivalente con la alt-right. Ha compartido memes y mensajes de corte conspirativo,

---

[4] Para Elon Musk, la "dictadura *woke*" representa una forma moderna de censura disfrazada de justicia social. Según él, el movimiento *woke* ha pasado de promover la inclusión a imponer una moral única, donde cualquier opinión disidente es castigada o cancelada. Considera que este fenómeno limita la libertad de expresión y fomenta el miedo a pensar diferente. Musk lo describe como una "tiranía del pensamiento correcto" que sofoca la creatividad y la innovación. En su visión, el wokismo extremo amenaza los valores del mérito y la razón.

ha criticado a George Soros —un blanco habitual de la derecha radical— y ha coqueteado con teorías que circulan en los márgenes digitales. Aunque se distancia formalmente de los extremismos, su estilo de comunicación irónico y provocador lo acerca a ellos: lanza insinuaciones, se contradice después y mantiene la polémica viva.

Este coqueteo con la derecha radical no ha pasado desapercibido. Para algunos, es pura estrategia: un modo de captar la atención de las bases desencantadas de Trump, de los libertarios digitales y de quienes se sienten marginados por el establishment progresista. Para otros, refleja un verdadero giro ideológico: el millonario que alguna vez apoyó la transición ecológica y donó a demócratas ahora aparece como un portaestandarte de la reacción contra el liberalismo progresista.

Lo cierto es que Musk no necesita un partido formal. Su influencia en X le permite hablar directamente a millones de personas y moldear la agenda pública con un solo tuit. En ese sentido, más que alinearse con la alt-right, parece estar construyendo su propio espacio político, híbrido y personalista, donde conviven el libertarismo económico, el nacionalismo tecnológico y un discurso populista que explota la frustración social.

En este contexto, el llamado "Elonismo" no es un movimiento estructurado, sino una nebulosa ideológica donde Musk es al mismo tiempo líder, símbolo y producto. Y aunque muchos lo ridiculicen como un capricho de magnate, su capacidad para polarizar y movilizar revela que sus críticas al progresismo y sus guiños a la alt-right son algo más que simples provocaciones: son los primeros pasos de un proyecto político en gestación.

Si algo caracteriza al "Elonismo" es su incoherencia programática: no existe un plan político sólido, sino un conjunto de ideas dispersas que, sin embargo, conectan con las emociones de sectores crecientes de la sociedad. Musk no se presenta como un político, sino como un "hombre libre" que dice lo que otros no se atreven. Esa postura lo convierte en un referente simbólico para quienes buscan alternativas fuera del sistema tradicional.

Su discurso libertario se articula en la defensa radical de la libertad de expresión, entendida en los términos más absolutos posibles. Bajo esa bandera justificó la compra de Twitter/X y la reinstauración de voces extremistas. También la utiliza para atacar regulaciones ambientales, impuestos y restricciones gubernamentales. Musk se presenta como un empresario que lucha contra el "Estado opresor" y el "paternalismo político", un libertarismo que mezcla economía, cultura digital y provocación.

En paralelo, ha desplegado un discurso patriótico que sorprende en un hombre con biografía de inmigrante sudafricano. Musk afirma que sus empresas —Tesla, SpaceX, Neuralink— representan el renacimiento de Estados Unidos como potencia global, capaz de desafiar a China y superar a Europa. En sus intervenciones, exalta la innovación estadounidense como el motor del progreso humano, aunque detrás de ese patriotismo late una visión personalista: él mismo como héroe que encarna el futuro de la nación.

El eje central de su retórica, sin embargo, es la guerra cultural contra el "wokeismo". Musk denuncia la corrección política como un cáncer que asfixia la creatividad, divide a la sociedad y otorga privilegios ideológicos a minorías organizadas. Sus tuits contra la cultura *woke* son celebrados en foros de derecha radical y compartidos en memes virales. En este terreno, Musk se muestra más combativo que en la política económica: su batalla no es tanto por reducir impuestos como por redefinir los límites del discurso cultural.

Este cóctel —libertarismo económico, patriotismo tecnológico y cruzada antiwoke— le da a Musk un perfil político ambiguo pero poderoso. No encaja del todo ni en el Partido Republicano ni en el Demócrata. Se mueve en una zona intermedia, aprovechando las fracturas del sistema político estadounidense y el desencanto con sus líderes tradicionales.

En esencia, Musk no está ofreciendo un programa de gobierno, sino una narrativa identitaria: el derecho a hablar sin restricciones, la promesa de un futuro grandioso y la denuncia de un enemigo cultural común. Con esos elementos, está construyendo algo que se parece más a un movimiento populista de nuevo cuño que a una corriente ideológica coherente. La pregunta flota desde hace años en los círculos políticos y mediáticos: ¿es Elon Musk solo un empresario con ambiciones culturales, o se prepara para convertirse en candidato emergente en la arena política? La línea que separa ambas posibilidades se ha vuelto cada vez más difusa.

Por un lado, Musk insiste en que no tiene intención de ser presidente ni de presentarse a ningún cargo público. Lo repite con su habitual desdén: "La política es aburrida, prefiero construir el futuro". Pero su comportamiento contradice sus palabras. Con X, controla un canal de comunicación más influyente que muchos partidos; con Tesla y SpaceX, se coloca en el centro de la economía, la defensa y la transición energética; con su discurso antiwoke, se erige en referente cultural de una generación cansada de las élites políticas.

En Estados Unidos, la figura del *outsider* que salta de los negocios a la política no es nueva: Ronald Reagan, Arnold Schwarzenegger, Donald Trump. Musk encajaría a la perfección en esa genealogía de líderes que explotan su fama y fortuna para irrumpir en el poder. Lo que lo distingue es que él no necesita partidos tradicionales: posee un ejército digital de seguidores, plataformas tecnológicas que moldean el debate y un aura de genio visionario que lo convierte en candidato "natural" a cualquier cosa.

La cuestión es si Musk lo desea realmente. Sus empresas requieren de su atención constante, y una campaña política lo expondría a un escrutinio mucho más duro que el que enfrenta como empresario. Además, no nació en Estados Unidos, lo que constitucionalmente le impide aspirar a la presidencia. Sin embargo, nada le impediría ocupar un rol de kingmaker: un actor que, sin ser candidato, orienta elecciones, moviliza bases y define agendas.

Algunos analistas ven en el "Elonismo" menos una preparación para la presidencia y más un ensayo de poder paralelo, una forma de demostrar que en la era digital los líderes no necesitan escaños ni partidos para influir. Musk sería, entonces, el primer político sin partido formal: un magnate que ejerce el poder desde sus empresas, sus redes y su magnetismo personal.

En última instancia, Musk no necesita ganar elecciones para ser un candidato emergente. Lo es ya en el terreno simbólico: compite con Trump, con Biden, con los grandes líderes mundiales, no en las urnas, sino en el espacio más influyente de nuestro tiempo: la conversación global.

10. Elon y las finanzas: un tuit, un mercado

Si la economía global alguna vez estuvo gobernada por bancos centrales y mercados regulados, Elon Musk ha demostrado que en el siglo XXI basta con un tuit para mover miles de millones de dólares. Su cuenta de Twitter —hoy X— se convirtió en un catalizador capaz de inflar o derrumbar acciones, criptomonedas y expectativas de inversión. Musk no solo fabrica autos eléctricos o cohetes: también produce volatilidad.

El caso de Tesla es el más evidente. Sus tuits crípticos o irónicos han hecho subir y bajar el valor de la empresa en cuestión de horas. El ejemplo paradigmático ocurrió en

2018, cuando escribió que estaba considerando sacar Tesla de la bolsa a 420 dólares por acción y que tenía "financiación asegurada". Aquella afirmación, nunca confirmada, disparó el valor bursátil y, al mismo tiempo, provocó una investigación de la SEC (Comisión de Bolsa y Valores). Musk terminó pagando una multa millonaria y renunciando temporalmente a la presidencia de Tesla, pero el episodio demostró su poder: la frontera entre broma, especulación y manipulación era cada vez más difusa.

El fenómeno se repitió en el mundo de las criptomonedas, donde Musk se convirtió en un oráculo inesperado. Con simples tuits llenos de memes de perritos o guiños cómicos, logró que Dogecoin, una criptomoneda creada como sátira, se disparara en valor hasta niveles estratosféricos. En otros momentos, una sola frase suya bastaba para hundir el precio del Bitcoin o provocar un frenesí especulativo. Musk jugaba con símbolos culturales de internet —memes, ironía, emojis—, pero el impacto era muy real: fortunas ganadas y perdidas en cuestión de segundos.

Los críticos lo acusan de manipulación deliberada: un multimillonario que usa su influencia digital para mover mercados y, en ocasiones, beneficiarse personalmente. Sus defensores responden que Musk es simplemente un iconoclasta que disfruta desestabilizando un sistema financiero demasiado rígido. La verdad, como siempre en su caso, se encuentra en un terreno ambiguo: Musk no inventó la volatilidad, pero aprendió a dominarla como un espectáculo más.

En un mundo donde los mercados son sensibles a rumores y percepciones, la voz de Musk se volvió un activo financiero en sí mismo. Ya no importa solo cuánto produce Tesla o cuántos cohetes lanza SpaceX: lo decisivo es qué tuitea su CEO a medianoche. Esa capacidad de alterar el curso de la economía con una frase lo coloca en un terreno inédito: el de un empresario que juega a ser, al mismo tiempo, *influencer,* especulador y demiurgo de los mercados.

El idilio entre Elon Musk y los mercados siempre ha estado atravesado por una sombra: la de los reguladores. La Comisión de Bolsa y Valores de Estados Unidos (SEC) lo ha investigado en múltiples ocasiones, convirtiéndose casi en un antagonista recurrente en la narrativa del magnate. Musk, por su parte, ha hecho de esa confrontación un espectáculo, presentándose como un rebelde acosado por burócratas empeñados en frenar su visión.

Musk ha sido advertido en varias ocasiones por declaraciones que alteran artificialmente el valor de Tesla y otras compañías vinculadas a su nombre. Sus promesas incumplidas —como la inminente llegada de autos totalmente autónomos o la producción masiva de baterías revolucionarias— han sido señaladas como ejemplos de cómo utiliza el entusiasmo del mercado como moneda de especulación narrativa. A pesar de todo, se muestra desafiante. En entrevistas y en su propia red X ha ridiculizado a la SEC, llamándola *"Shortseller Enrichment Commission"* ["Comisión para enriquecer a los vendedores en corto"], burlándose de la institución encargada de vigilarlo. Ese desprecio público por las reglas financieras tradicionales lo ha convertido en un héroe para algunos inversores minoristas que lo ven como el Robin Hood del mercado bursátil, pero también en un peligro para quienes temen que su conducta erosione la confianza en el sistema.

Las investigaciones de la SEC muestran un patrón: Musk no distingue con claridad entre la fantasía visionaria y la promesa contractual. Lo que para él es un tuit humorístico o un adelanto optimista, para los mercados se traduce en decisiones de inversión con consecuencias millonarias. En ese cruce entre espectáculo y responsabilidad legal, Musk juega un juego arriesgado: desafiar a las instituciones como si fueran un obstáculo más en su camino, al tiempo que las necesita para legitimar sus negocios.

La paradoja persiste: cuanto más lo investiga la SEC, más crece la percepción de que Musk no responde a nadie salvo a sí mismo. Y esa independencia, real o construida, es lo que alimenta tanto su mito como la fragilidad del sistema que lo tolera. En el mundo financiero, la volatilidad suele considerarse un riesgo: incertidumbre, pánico, pérdidas repentinas. Para Elon Musk, en cambio, se ha convertido en un arma estratégica. Allí donde otros ven peligro, él encuentra una oportunidad: cuanto más impredecible es el mercado, más espacio hay para su influencia.

Musk ha aprendido a usar la volatilidad como espectáculo. Un solo tuit suyo —ya sea un meme de Dogecoin, una frase enigmática sobre Tesla o un comentario irónico sobre Bitcoin— puede desencadenar una avalancha de titulares, discusiones en foros de inversión y movimientos bruscos en Wall Street. Los mercados reaccionan como si su palabra fuera ley, incluso cuando lo que ofrece no es un plan, sino una broma. Esa mezcla de humor, poder y dinero convierte cada aparición suya en un acto de manipulación simbólica.

El patrón es claro: Musk no teme a la inestabilidad, la alimenta. Cuando Tesla se desploma por problemas de producción, él tuitea promesas sobre nuevos modelos. Cuando los críticos denuncian la inviabilidad de sus plazos, responde con cifras optimistas o con declaraciones incendiarias que reorientan la conversación. Incluso sus enfrentamientos con la SEC o sus polémicas personales se convierten en combustible para la narrativa: Musk contra el mundo, el visionario que incomoda al sistema. En este juego, la volatilidad funciona como una especie de show mediático-financiero. Los vaivenes de las acciones y las criptomonedas ya no son simples fenómenos económicos, sino capítulos de una saga personal protagonizada por Musk. Y cuanto más impredecible es el guion, más pendiente está el público de su próximo movimiento.

La gran pregunta es si esta estrategia puede sostenerse en el largo plazo. Algunos analistas advierten que la volatilidad continua erosiona la confianza de inversores institucionales y puede terminar dañando la credibilidad de sus compañías. Otros creen que Musk ha redefinido las reglas del juego: en una era dominada por la información instantánea, la atención vale más que la estabilidad, y él es el maestro absoluto de ese terreno. Musk ha convertido la volatilidad en algo más que una característica de los mercados: en su arma mediática predilecta, una forma de mantener al mundo en vilo, de reforzar su mito como genio impredecible y de consolidar su poder no solo en los negocios, sino también en la imaginación colectiva.

Durante años, Tesla fue el motor de la fortuna personal de Elon Musk y el eje de su narrativa como empresario visionario. Sin embargo, en los últimos tiempos esa historia ha mostrado fisuras: la compañía ha sufrido una drástica caída en su valor de mercado, lo que ha puesto en duda la infalibilidad del mito. En 2022 y 2023, Tesla alcanzó valoraciones que parecían desafiar toda lógica financiera, superando en capitalización bursátil a gigantes automovilísticos que producían diez veces más vehículos. Ese entusiasmo estaba sostenido, en buena medida, por la fe en Musk como líder. Pero a medida que crecieron la competencia en autos eléctricos —con China a la cabeza y fabricantes tradicionales renovando sus flotas—, los márgenes de Tesla comenzaron a estrecharse. La empresa se vio obligada a recortar precios para mantener la demanda, lo que afectó a su rentabilidad. El resultado fue un desplome del valor de la acción que borró cientos de miles de millones de dólares en capitalización en cuestión de meses. Para Musk, que financió la compra de Twitter vendiendo acciones de Tesla, el golpe fue doble: debilitó sus finanzas personales y erosionó la confianza de quienes habían visto en Tesla un refugio de crecimiento casi ilimitado.

Las presiones de los inversores institucionales no tardaron en llegar. Muchos comenzaron a cuestionar si Musk estaba demasiado distraído con sus otras aventuras —Twitter/X, SpaceX, Neuralink— como para dedicarse plenamente a la gestión de Tesla. Los accionistas reclamaron foco, prudencia y menos polémicas. Incluso algunos fondos, hasta entonces aliados, pidieron la incorporación de contrapesos en la dirección para limitar el poder absoluto de Musk.

El mito del empresario que siempre convierte la adversidad en triunfo se puso a prueba. Aunque Tesla sigue siendo un actor clave en la transición hacia la movilidad eléctrica, los tropiezos financieros recientes muestran que la fe del mercado en Musk ya no es incondicional. La volatilidad que él mismo cultivó como arma mediática amenaza con volverse contra él, en forma de presión accionarial y pérdida de confianza. Tesla se encuentra en una encrucijada: ¿seguirá siendo el buque insignia de la utopía tecnológica de Musk o quedará como la primera gran herida visible en su imperio? Lo cierto es que la caída de su valor ha abierto grietas en la armadura del magnate, demostrando que incluso sus empresas más sólidas no son inmunes al desgaste de su estilo personalista y errático.

11. LAS RELACIONES ROTAS
DEL GENIO SOLITARIO

Si en los negocios Elon Musk se muestra como un titán incansable, en la vida personal aparece como un hombre marcado por la fragilidad del vínculo. Sus relaciones sentimentales han sido intensas, mediáticas y, en muchos casos, dolorosamente breves, revelando un patrón de inestabilidad que contrasta con la imagen de control que proyecta en sus empresas. Su primera esposa, Justine Wilson, conoció a Musk en la Universidad de Queen's, en Canadá. Con ella compartió su juventud, los primeros años de lucha empresarial y también tragedias profundas: la muerte de su primer hijo, Nevada, a las diez semanas de vida por un síndrome infantil. Tuvieron después cinco hijos mediante fecundación in vitro, pero la relación se deterioró. Justine lo describió en entrevistas y escritos como un hombre obsesivo, competitivo incluso dentro del matrimonio, incapaz de mostrarse vulnerable. "Veía el matrimonio como una empresa y a mí como una empleada", llegó a declarar. El divorcio, en 2008, fue tormentoso y dejó cicatrices que todavía flotan en la narrativa pública de Musk.

Poco después llegó Talulah Riley, actriz británica, con quien Musk vivió una historia digna de guion cinematográfico: se casaron, se divorciaron, volvieron a casarse y terminaron separándose definitivamente. Riley hablaba de un hombre "dulce pero insoportable", atrapado entre la ternura y la tiranía de su ritmo de trabajo. Musk mismo confesó que no soportaba dormir solo, que anhelaba compañía, pero parecía incapaz de sostenerla sin desgastarla.

La relación más mediática fue, sin duda, con la artista canadiense Grimes (Claire Boucher). Con ella formó una pareja excéntrica que fascinó a la cultura digital: él, el magnate futurista; ella, la cantante experimental con estética de ciencia ficción. Tuvieron dos hijos, uno con un nombre casi impronunciable (*X Æ A-12*) y otro bautizado con iniciales. Grimes defendió públicamente a Musk en sus momentos más polémicos, pero también denunció la dureza de la relación y las tensiones por el tiempo y la atención que él dedicaba a sus empresas. Su ruptura fue seguida como un reality global, reflejando que la vida íntima del magnate es tan caótica como sus compañías.

Estas relaciones muestran un patrón: intensidad inicial, desgaste acelerado, separación dolorosa. Musk busca en el amor un refugio frente a la soledad, pero su carácter obsesivo y su devoción casi religiosa por el trabajo terminan minando los vínculos. Sus parejas han hablado de falta de presencia, de una mente siempre en otro lugar, de un hombre que piensa en cohetes y algoritmos mientras su vida emocional se derrumba. Detrás del mito del genio visionario, aparece una constante: la incapacidad de sostener la intimidad. Musk puede levantar cohetes, alterar mercados y desafiar gobiernos, pero en su biografía personal los vínculos más básicos parecen escapársele como arena entre los dedos.

La vida familiar de Elon Musk es tan compleja y pública como sus negocios. Con al menos once hijos reconocidos de diferentes parejas y circunstancias, su papel como padre ha sido objeto de debates, polémicas y también conflictos dolorosos. Aunque Musk se presenta a menudo como un hombre de familia, las historias en torno a su paternidad revelan distancias irreconciliables que atraviesan tanto lo personal como lo ideológico.

El caso más conocido es el de Vivian Jenna Wilson, una de sus hijas con Justine Wilson. En 2022 solicitó oficialmente cambiar su nombre y apellido, renunciando a toda relación con Musk. En el documento judicial declaró que no deseaba "tener ningún vínculo con mi padre biológico, de ninguna manera ni forma". El gesto fue más que una disputa familiar: fue interpretado como una ruptura definitiva, marcada por diferencias irreconciliables sobre identidad de género y visiones del mundo. Vivian se declaró transgénero, mientras Musk se mostraba cada vez más crítico hacia las políticas y discursos vinculados a la comunidad trans, acusando al "wokeismo" de manipular a los jóvenes.

Este episodio expuso una de las paradojas centrales en la figura de Musk: mientras sus empresas proyectan un futuro de innovación y ruptura de límites, en lo personal adopta posturas que muchos consideran conservadoras y restrictivas, al menos en lo cultural. Sus declaraciones en X sobre pronombres —"los pronombres apestan", llegó a escribir— generaron un enorme rechazo en comunidades progresistas y evidenciaron que incluso en su vida íntima, Musk no evita la confrontación pública.

La disidencia de su hija no es el único conflicto. Con Grimes, madre de tres de sus hijos, ha protagonizado disputas legales por la custodia y la crianza, con declaraciones cruzadas en redes sociales que parecían más capítulos de un drama digital que asuntos de vida privada. Al mismo tiempo, Musk ha dicho en múltiples ocasiones que considera la baja natalidad como "el mayor problema de la humanidad", justificando su numerosa descendencia como un aporte personal a la supervivencia de la especie. Sin embargo, sus múltiples obligaciones empresariales y su estilo de vida itinerante dificultan la cercanía con sus hijos. Amigos y exparejas han señalado que su obsesión por el trabajo lo mantiene ausente en momentos decisivos, mientras él insiste en que pasa "todo el tiempo posible" con ellos.

En este terreno íntimo, Musk se muestra no como el visionario que controla narrativas globales, sino como un hombre dividido entre su ego, sus empresas y sus vínculos familiares, incapaz de conciliar del todo esas dimensiones. La ruptura con su hija transgénero simboliza algo más profundo: la imposibilidad de armonizar su discurso público con sus afectos privados. Y en esa tensión emerge el retrato más humano —y más herido— del magnate: el padre que, en su afán por conquistar el futuro, ha perdido parte de su presente más cercano.

Elon Musk vive en una paradoja permanente: es el hombre que pretende colonizar

Marte, electrificar la Tierra y conectar el cerebro humano a la inteligencia artificial, pero al mismo tiempo lucha por desempeñar el papel más básico y cotidiano: el de padre. La cuestión de si puede ser ambas cosas —genio público y figura paterna— atraviesa no solo su biografía, sino también el mito que lo rodea.

En entrevistas, Musk ha afirmado que dedica tiempo a sus hijos, que los lleva a la fábrica de Tesla, a lanzamientos de SpaceX y que intenta compartir con ellos su pasión por la ciencia. Para él, la paternidad se funde con la misión: formar a la próxima generación de innovadores. Sin embargo, esa visión choca con la realidad de agendas imposibles, vuelos constantes y un ritmo de trabajo que roza lo inhumano. Muchas de sus exparejas lo han descrito como un hombre ausente en lo emocional, aunque presente en lo material.

La figura pública de Musk es tan avasalladora que parece absorber al padre. Cada escándalo mediático, cada tuit incendiario, cada batalla con Trump o con la SEC afecta también a sus hijos, que crecen bajo la exposición constante del apellido. Para algunos, Musk encarna la tragedia del padre convertido en marca: imposible de separar el hombre privado del personaje global. La pregunta es si esa dualidad puede sostenerse. ¿Puede un hombre cuya vida está organizada como un espectáculo empresarial y político al mismo tiempo ofrecer la intimidad y estabilidad que necesitan sus hijos? ¿O está condenado a que su legado familiar sea tan turbulento como su trayectoria profesional?

Quizá la respuesta se encuentre en el propio Musk, que ha confesado más de una vez su miedo a la soledad y su necesidad de amor. Bajo el ruido de los cohetes, los algoritmos y los memes, hay un hombre que busca —y a menudo fracasa en encontrar— la calidez de un vínculo auténtico. En ese contraste se revela el verdadero drama del magnate: Musk puede ser figura pública hasta el exceso, pero como figura paterna carga con una fragilidad que ni el dinero ni la tecnología parecen capaces de resolver. Y es ahí, en la intimidad de lo familiar, donde el mito se convierte en herida.

12. EL CULTO A ELON MUSK: SEGUIDORES, INFLUENCERS Y DEVOTOS

Pocos líderes empresariales han logrado lo que Elon Musk: convertirse en un meme viviente, un personaje que circula en millones de pantallas no solo por sus productos, sino por su capacidad de generar símbolos, chistes y consignas virales. La cultura digital lo transformó en un ícono maleable, donde cada frase, cada gesto o cada ocurrencia se traduce en una pieza de propaganda compartida a la velocidad de la luz.

A diferencia de los comunicados tradicionales de las empresas o de la sobriedad de los grandes directivos, Musk abraza el caos comunicacional: tuitea memes de *anime*, imágenes irónicas de sí mismo, bromas sobre Dogecoin o referencias crípticas a videojuegos. Esta aparente frivolidad es, en realidad, una estrategia de poder blando: lo acerca a los jóvenes, lo instala en la conversación global y convierte su marca personal en un fenómeno cultural antes que en un simple liderazgo corporativo.

Los memes no son inocentes. Funcionan como una maquinaria propagandística porque repiten y amplifican las ideas que Musk quiere instalar: que él es un genio rebelde, que desafía a los políticos, que entiende el humor de internet mejor que cualquier otra figura del poder. Sus propios seguidores producen y difunden este contenido, creando un ecosistema de adoración digital que lo refuerza constantemente. La ironía se convierte en arma: mientras la prensa lo critica, un meme viral puede ridiculizar a los detractores y blindar su imagen frente a las nuevas generaciones.

El efecto es doble. Por un lado, Musk parece un líder cercano, alguien que se comunica en el mismo lenguaje que millones de usuarios de Reddit o Twitter/X. Por otro, se genera un culto digital donde sus errores y contradicciones son reinterpretados como rasgos de genialidad. Un retraso en la entrega de vehículos, un cohete que explota o un comentario polémico pueden ser transformados en memes que diluyen el fracaso y alimentan la narrativa del "visionario incomprendido".

La cultura meme es, en suma, la coraza invisible de Musk: una red de imágenes virales que lo protegen de los golpes mediáticos, lo proyectan como héroe irónico y lo consolidan como ídolo de una era donde la política y los negocios se juegan en el terreno de la viralidad. En ese escenario, Musk no solo es un empresario: es un personaje mitológico del internet contemporáneo.

El culto a Elon Musk no se limita a memes aislados: ha dado lugar a un ecosistema digital que funciona como una comunidad global de admiradores, defensores y difusores de su figura. Plataformas como Reddit, YouTube y Twitter/X han sido los escenarios privilegiados de esta devoción, actuando como auténticos templos donde se refuerza su mito.

En Reddit, los foros dedicados a Tesla, SpaceX y Musk en general son espacios donde se mezclan análisis técnicos, especulaciones financieras y una devoción casi religiosa. Cada anuncio de un nuevo modelo, cada foto filtrada de un cohete, genera largas discusiones en las que los usuarios defienden a Musk con una pasión que recuerda a las hinchadas deportivas. Las críticas externas suelen ser respondidas con una mezcla de datos técnicos y descalificaciones, como si se tratara de herejías contra el profeta de la innovación.

YouTube amplifica el fenómeno con creadores de contenido que dedican canales enteros a seguir los movimientos de Musk. Hay documentales caseros, transmisiones en vivo de lanzamientos de SpaceX, reseñas de autos Tesla y hasta teorías sobre cómo Musk está cambiando la historia de la humanidad. Algunos de estos canales funcionan casi como departamentos de relaciones públicas no oficiales, defendiendo su figura frente a periodistas críticos o amplificando sus declaraciones más polémicas bajo la narrativa del visionario incomprendido.

La fusión entre negocio y *fandom* es particularmente evidente en el caso de Tesla. Los accionistas minoristas que invierten en la compañía se convierten en militantes digitales, convencidos de que defender a Musk en foros y redes es también proteger el valor de sus acciones. Así, la comunidad online se convierte en brazo propagandístico y escudo financiero, un fenómeno difícil de replicar por otros líderes empresariales.

Este ecosistema no se sostiene solo en la admiración, sino también en la co-creación del mito. Los seguidores producen contenido, inventan teorías, diseñan imágenes y reinterpretan sus fracasos como pasos necesarios hacia el triunfo final. Musk no es simplemente el centro del culto: es, en muchos casos, su coautor. La interacción directa que mantiene con sus fans en X, respondiendo mensajes o compartiendo memes creados por ellos, fortalece la sensación de comunidad y pertenencia. En la era digital, donde la política y la economía se juegan en la arena de la viralidad, Musk ha conseguido algo inusual: convertir a sus seguidores en portavoces voluntarios, dispuestos a difundir su visión y defender su nombre con una fe que a menudo trasciende los hechos.

El fenómeno Musk plantea una pregunta inevitable: ¿estamos ante un líder genuino de la era digital o frente a una ilusión colectiva, sostenida por memes, hype y narrativas de red? Por un lado, Musk encarna el ideal del siglo XXI: un empresario capaz de comunicar directamente con millones de personas sin intermediarios, de romper las jerarquías tradicionales y de convertir la tecnología en espectáculo cultural. Su liderazgo no se basa solo en logros concretos —autos eléctricos, cohetes reutilizables, satélites en órbita—, sino en la capacidad de generar esperanza y expectativa. Para muchos, representa la posibilidad de que un individuo pueda cambiar el rumbo de la humanidad en un mundo dominado por corporaciones anónimas y gobiernos burocráticos.

Pero, al mismo tiempo, su figura se alimenta de una maquinaria de propaganda digital que difumina la frontera entre la realidad y el mito. Los fracasos se reinterpretan como pasos necesarios, las promesas incumplidas como pruebas de su audacia, las polémicas como evidencia de su independencia. La devoción que genera recuerda más a un movimiento religioso o político que a la admiración hacia un empresario. En este sentido, Musk puede ser visto como un producto del propio ecosistema digital que lo elevó: un líder construido en la pantalla, sostenido por la viralidad más que por los resultados tangibles.

La verdad quizá se encuentre en la tensión entre ambas visiones. Musk es líder y espejismo al mismo tiempo. Ha conseguido logros técnicos indudables, pero también ha cultivado una narrativa que lo coloca por encima de cualquier escrutinio. Su culto digital es, en esencia, un reflejo de nuestro tiempo: una era en la que la verdad y la ilusión se confunden en el mismo feed, donde la política, la economía y la cultura funcionan como un gran escenario de percepciones.

¿Es entonces un líder para la era digital? Sí, porque domina el lenguaje de internet como ningún otro. ¿Es también una ilusión colectiva? Sin duda, porque su poder depende de la fe de millones que ven en él algo más que un empresario: un héroe improbable, un villano fascinante o un mesías tecnológico. En el fondo, la devoción hacia Musk revela menos sobre él que sobre nosotros: la necesidad de creer en figuras capaces de prometer salvación en un tiempo incierto, aunque esa salvación se confunda con un espejismo pixelado.

13. LA CARRERA A MARTE: ¿HUIDA O RENACIMIENTO?

E lon Musk ha repetido una y otra vez que su objetivo vital no es solo transformar la Tierra, sino convertir a la humanidad en una especie multiplanetaria. Marte aparece en su imaginario como el nuevo Edén tecnológico, un territorio virgen donde la civilización podría renacer si la nuestra sucumbe al cambio climático, a la superpoblación o a un cataclismo nuclear. Sin embargo, detrás de esa narrativa grandiosa se ocultan riesgos reales y costos humanos que rara vez se mencionan con el mismo entusiasmo.

Colonizar Marte no es una odisea romántica al estilo de la ciencia ficción clásica: es un proyecto que enfrenta condiciones letales. La radiación cósmica, las tormentas de polvo, las temperaturas extremas y la ausencia de oxígeno convierten el planeta rojo en un entorno hostil, donde cada día será una batalla por la supervivencia. Musk admite que los primeros viajeros probablemente morirán, pero lo presenta como un sacrificio heroico, casi inevitable, en nombre del progreso humano.

Los costos humanos no son solo físicos, sino también psicológicos. La soledad interplanetaria, el aislamiento en hábitats presurizados y la imposibilidad de regresar con facilidad a la Tierra dibujan un escenario de tensión mental y fractura social. ¿Cómo funcionará la convivencia en un mundo sin horizonte verde, donde cada error técnico puede costar la vida?

Además, los riesgos financieros son colosales. Aunque SpaceX ha abaratado los lanzamientos espaciales con sus cohetes reutilizables, los cálculos más optimistas sugieren que llevar colonos a Marte requerirá trillones de dólares y décadas de desarrollo. La pregunta que surge es inevitable: ¿quién asumirá realmente esos costos? ¿Los gobiernos, las corporaciones, los propios colonos endeudados por generaciones?

En la visión de Musk, Marte es tanto un seguro de vida para la humanidad como un escenario de selección extrema, donde solo los más aptos, los más ricos o los más dispuestos a arriesgarlo todo podrán tener un lugar. Para algunos, se trata de un sueño civilizatorio; para otros, de un escapismo elitista que distrae de los problemas urgentes del planeta que ya habitamos.

La carrera a Marte es, al mismo tiempo, epopeya y advertencia. Nos enfrenta a la posibilidad de expandir los límites de la humanidad, pero también a la realidad de que ese salto podría cobrarse un precio demasiado alto. El futuro, en este caso, se mide no en kilómetros, sino en vidas dispuestas a ser el experimento de un sueño que quizá nunca se concrete.

Si los riesgos físicos y económicos de colonizar Marte ya son colosales, hay un obstáculo aún más complejo: ¿quién gobernará el nuevo planeta? Musk habla de crear una colonia autosuficiente, libre de la dependencia terrestre, pero ese ideal enfrenta un vacío legal y político que podría convertir Marte en un escenario de conflictos inéditos.

El derecho espacial actual, basado en el Tratado del Espacio Exterior de 1967, establece que ningún Estado puede reclamar soberanía sobre cuerpos celestes. Sin embargo, el tratado no previó la irrupción de corporaciones privadas como SpaceX, capaces de proyectar su poder más allá de la atmósfera. ¿Podría una empresa —y, en la práctica, un individuo— convertirse en la autoridad de facto en otro planeta?

Musk ha insinuado que Marte necesitaría una "democracia directa", donde las decisiones se tomen por consenso entre colonos. La idea suena idealista, pero ignora los enormes desequilibrios iniciales: los primeros en llegar serán quienes puedan costear la travesía o quienes dependan de contratos firmados con SpaceX. ¿Cómo se puede hablar de igualdad en un territorio fundado por intereses económicos tan desiguales?

La gobernanza interplanetaria plantea además dilemas de control. ¿Quién garantizará los derechos de los colonos? ¿Existirán leyes internacionales que limiten los abusos? ¿O quedarán sometidos a la voluntad de la empresa que les dé transporte, oxígeno y refugio? Algunos expertos ya alertan del riesgo de que Marte se convierta en la primera colonia corporativa, un territorio donde la lógica empresarial sustituya al derecho público.

Más allá del marco legal, la cuestión es filosófica: ¿repetirá la humanidad en Marte los errores de la Tierra —desigualdad, explotación, dominación— o realmente podrá reinventarse? En el mejor de los casos, la colonia podría ser un experimento de cooperación inédita. En el peor, podría transformarse en un laboratorio de autoritarismo disfrazado de utopía.

El problema de la gobernanza interplanetaria no es un detalle secundario, sino la piedra angular que determinará si la carrera a Marte será un renacimiento democrático o el inicio de una nueva era de feudos tecnológicos. Detrás de la retórica de la exploración y el heroísmo, la colonización de Marte plantea una inquietud que va más allá de la ciencia o la técnica: ¿estamos asistiendo al nacimiento del primer planeta corporativo?

Si SpaceX logra llevar colonos al planeta rojo, no lo hará como un acto filantrópico, sino como parte de un proyecto empresarial. Los primeros habitantes dependerán totalmente de la infraestructura creada por Musk: oxígeno, agua, alimentos, energía, transporte. En otras palabras, su vida entera estará mediada por una empresa privada. Esa dependencia abre la puerta a un modelo inédito en la historia: no ya un Estado-nación, sino una corporación soberana gobernando un mundo entero.

Elon Musk ha bromeado con que Marte no debería obedecer las leyes terrestres, insinuando que allí podría nacer un sistema de democracia directa o una sociedad completamente nueva. Pero en la práctica, quien controle los cohetes, los suministros y las estaciones vitales tendrá el poder real. Y todo apunta a que ese control inicial recaería en SpaceX y, por tanto, en Musk mismo.

La imagen de un "emperador marciano" puede parecer ciencia ficción, pero refleja un dilema profundo: si Marte se convierte en la primera colonia humana fuera de la Tierra, ¿será un espacio de libertad o un laboratorio de dominación empresarial? ¿Un lugar donde reinventar la política o un feudo de quienes puedan pagar el pasaje?

En la narrativa de Musk, Marte es la salvación de la humanidad. En la realidad, podría ser el inicio de una nueva forma de poder: la corporación no ya como actor económico, sino como entidad soberana capaz de dictar las normas de la vida y la muerte. Un planeta regido no por parlamentos ni constituciones, sino por contratos de servicio y algoritmos de eficiencia. La pregunta sobre quién gobernará Marte no es retórica: es la clave para entender si el proyecto de Musk es una epopeya civilizatoria o el primer experimento de neofeudalismo interplanetario. Quizá el mayor riesgo de la carrera marciana no sea la radiación ni el vacío, sino que, en la conquista del futuro, la humanidad termine entregando su destino a una sola empresa y a un solo hombre.

14. TECNOLOGÍA SIN ÉTICA: EL PRECIO DEL PROGRESO SIN FRENOS

Elon Musk ha advertido en múltiples ocasiones que la automatización es inevitable. Robots en fábricas, algoritmos que reemplazan trabajos intelectuales, inteligencia artificial capaz de aprender en horas lo que a un ser humano le lleva años. Su discurso oscila entre la celebración de la eficiencia y la advertencia apocalíptica: un mundo donde millones de personas se queden sin empleo porque las máquinas harán mejor, más rápido y más barato lo que antes era tarea humana. En Tesla, el ejemplo es palpable. Musk prometió fábricas "totalmente automatizadas", donde brazos robóticos construirían autos casi sin intervención humana. El resultado fue un fiasco inicial: líneas de producción colapsadas y un Musk agotado durmiendo en el suelo de la planta. Más tarde, reconoció que había subestimado la complejidad del trabajo humano: "Los humanos están infravalorados", admitió. Sin embargo, la dirección de su apuesta es clara: sustituir el máximo de mano de obra posible.

El riesgo es enorme. Si la automatización avanza al ritmo que Musk y otros tecnólogos proyectan, se abrirá una brecha inédita entre quienes controlan las máquinas y quienes quedan fuera del sistema productivo. El trabajo, que durante siglos ha sido fuente de identidad, sustento y sentido social, podría desaparecer para vastos sectores de la población. ¿Qué será de esas personas cuando un algoritmo conduzca taxis, reparta comida o redacte informes legales? Musk ha propuesto un remedio: la renta básica universal, un ingreso garantizado para todos, financiado por la productividad de las máquinas. La idea suena utópica, pero encierra un problema: ¿será suficiente un estipendio para sustituir el sentido de pertenencia, propósito y dignidad que muchos encuentran en el trabajo? ¿O creará una nueva clase social de "desempleados subsidiados", dependientes de los caprichos de quienes poseen la tecnología?

El avance de la automatización sin un marco ético robusto podría transformar la desigualdad en un abismo insalvable. En el mejor de los casos, liberará a la humanidad de tareas rutinarias y peligrosas. En el peor, condenará a millones a la irrelevancia social, mientras unos pocos concentran riqueza y poder como nunca antes en la historia. Musk, como otros visionarios del Silicon Valley, se mueve en esa contradicción: anuncia los riesgos, pero al mismo tiempo los acelera. Y en esa tensión se juega algo más que el futuro del trabajo: el futuro mismo de la cohesión social.

La inteligencia artificial (IA) es, para Elon Musk, tanto una promesa como una amenaza existencial. Ha dicho que la considera "más peligrosa que las armas nucleares", al tiempo que invierte miles de millones en proyectos que la desarrollan y aceleran. Esa contradicción revela lo que está en juego: un futuro donde la IA puede ser el motor de una nueva civilización o el mecanismo de un control social sin precedentes.

Los avances en algoritmos de reconocimiento facial, análisis predictivo y sistemas de vigilancia ya muestran cómo la IA se convierte en herramienta de poder. Gobiernos autoritarios la emplean para monitorear a sus ciudadanos; corporaciones, para rastrear hábitos de consumo y manipular comportamientos. En este escenario, Musk advierte de los riesgos, pero sus propias empresas —Tesla con sus sistemas de conducción autónoma, X con su moderación algorítmica, Neuralink con la aspiración de leer la mente— también apuntan a un horizonte donde la vida privada se disuelve en datos.

El problema central no es solo la pérdida de intimidad, sino la desigualdad que la

IA puede profundizar. Quienes controlen los algoritmos tendrán la capacidad de definir quién accede a un empleo, a un crédito, a un seguro de salud o incluso a la participación política. El sueño de una tecnología democratizadora puede transformarse en un sistema de castas digitales, donde los ricos poseen la inteligencia artificial y los pobres se convierten en materia prima para su entrenamiento.

Musk ha intentado posicionarse como una voz crítica dentro del propio ecosistema tecnológico. Ha impulsado proyectos como xAI, con la supuesta misión de crear una IA "para la humanidad", no para el control corporativo. Sin embargo, la pregunta es inevitable: ¿puede un empresario que concentra tanto poder garantizar la neutralidad de una tecnología que, por definición, amplifica desigualdades?

En la práctica, la IA corre el riesgo de convertirse en un instrumento de vigilancia y dominio, legitimado bajo la promesa de eficiencia. Y lo más inquietante es que esa vigilancia ya no provendrá solo del Estado, sino de corporaciones privadas cuya autoridad escapa a los mecanismos democráticos tradicionales. Pero, el dilema no es únicamente técnico, sino político y ético: ¿será la inteligencia artificial un bien común o una nueva frontera del poder concentrado? Musk, con su discurso ambivalente y su influencia desmesurada, encarna mejor que nadie esa paradoja. Puede ser el profeta que advierte sobre los peligros o el arquitecto que, al mismo tiempo, construye la infraestructura del control.

En la mitología griega, Prometeo roba el fuego a los dioses y lo entrega a los hombres, inaugurando así la civilización. Ese regalo, sin embargo, viene acompañado de un castigo eterno: el titán encadenado, devorado cada día por un águila. La metáfora resuena con fuerza en la era tecnológica y en la figura de Elon Musk: ¿estamos recibiendo un don que nos elevará como especie o una carga que terminará destruyéndonos? Él se presenta como un nuevo Prometeo moderno, alguien dispuesto a arriesgarlo todo por traer a la humanidad los fuegos del siglo XXI: la energía renovable, la inteligencia artificial, la colonización espacial, la fusión entre cerebro y máquina. Pero, como en el mito, ese fuego no es inocente: puede calentar o consumir, salvar o arrasar.

El dilema es claro: ¿poseemos la madurez ética y política para manejar tecnologías tan poderosas? La historia muestra que la humanidad suele adoptar las innovaciones mucho más rápido de lo que construye marcos para regularlas. La bomba atómica, la ingeniería genética, el internet mismo: avances que trajeron tanto progreso como riesgo. Con la inteligencia artificial, los cohetes interplanetarios y los implantes neuronales, el desequilibrio puede ser aún mayor.

Musk parece consciente del peligro, pero también se comporta como alguien que juega con el fuego sin guantes, convencido de que su visión personal basta para evitar la catástrofe. Esa mezcla de lucidez y arrogancia es lo que lo convierte en símbolo de nuestro tiempo: el emprendedor que promete la salvación mientras abre la puerta a distopías que podrían escapar de todo control.

El dilema prometeico no recae solo en Musk, sino en todos nosotros. La pregunta no es si él podrá manejar ese fuego, sino si la humanidad en su conjunto será capaz de usarlo sin repetir la condena del mito. Porque, al final, la innovación no es un destino inevitable, sino una elección colectiva: qué hacemos con el poder que tenemos en las manos. En la era de Musk, la respuesta sigue siendo incierta. Y quizás esa incertidumbre sea, al mismo tiempo, nuestra esperanza y nuestro mayor peligro,

15. MUSK Y EL PLANETA TIERRA: ¿PROTECTOR O PREDADOR?

E lon Musk suele presentarse como el gran adalid de la transición ecológica. Tesla, con sus autos eléctricos, prometía emancipar al mundo del petróleo; SolarCity, con sus paneles y techos solares, llevar energía limpia a millones de hogares; y sus discursos están llenos de advertencias sobre el calentamiento global y la necesidad de reducir emisiones. A primera vista, su imagen parece la del profeta verde de Silicon Valley, alguien que combina el negocio con la salvación planetaria. Sin embargo, tras esa narrativa se esconde una paradoja difícil de ignorar. La fabricación de autos eléctricos requiere cantidades masivas de litio, cobalto y níquel, minerales cuya extracción implica devastación ambiental, trabajo precario e incluso explotación infantil en regiones como el Congo. Musk afirma que Tesla impulsa estándares éticos en su cadena de suministro, pero múltiples investigaciones han documentado cómo la fiebre del litio ha desencadenado nuevas formas de extractivismo global, especialmente en América Latina.

En países como Bolivia, Chile y Argentina, las comunidades locales denuncian que la explotación del "oro blanco" consume recursos hídricos vitales y destruye ecosistemas frágiles. Mientras tanto, Musk declara sin rodeos: "El litio está en todas partes; lo que importa es extraerlo a gran escala". Para muchos críticos, esa visión confirma que su revolución verde es, en realidad, una nueva cara del extractivismo, tan dependiente de la explotación de recursos como las industrias fósiles que dice combatir.

La contradicción se acentúa al observar el modelo de negocio de Tesla: autos de lujo, inaccesibles para la mayoría de la población mundial, presentados como símbolos de sostenibilidad. El futuro ecológico que Musk dibuja no es universal, sino selectivo: diseñado para quienes puedan pagar el precio de la innovación, mientras los costos sociales y ambientales recaen en comunidades periféricas.

La pregunta no es solo si Musk está liderando la transición ecológica, sino qué tipo de transición. ¿Un camino hacia una verdadera sostenibilidad global, o un modelo que repite los patrones de desigualdad del capitalismo extractivo bajo una nueva narrativa "verde"? El dilema queda abierto: Musk puede ser visto como protector del planeta, pero también como un predador que, bajo la bandera de la innovación, reproduce los mismos vicios del sistema que dice querer superar.

El auto eléctrico se ha convertido en el símbolo máximo de la transición verde. Tesla, con sus diseños futuristas y su marketing de innovación, ha transformado el vehículo eléctrico en un objeto de deseo global. Comprar un Tesla no es solo conducir un auto: es declararse parte de una cruzada contra el petróleo, un ciudadano que apuesta por la sostenibilidad. Pero esa imagen reluciente tiene una sombra mineral: el litio, pieza central de las baterías que hacen posible la revolución eléctrica.

El litio es presentado como la llave del futuro, pero su extracción genera una cadena de impactos que contradicen la narrativa verde. En los salares de Bolivia, Chile y Argentina —el llamado "triángulo del litio"— la explotación minera consume cantidades colosales de agua en ecosistemas áridos, poniendo en riesgo comunidades indígenas y especies únicas. Las promesas de desarrollo económico chocan con la realidad de pueblos desplazados, lagunas secas y territorios irreversiblemente dañados.

Musk ha sido directo al respecto. En 2020, cuando un usuario en Twitter lo acusó de apoyar un golpe de Estado en Bolivia para facilitar el acceso al litio, respondió con una frase que se volvió viral: *"We will coup whoever we want. Deal with it."* ["Daremos golpes a quien queramos. Lidiad con ello"]. Aunque después aseguró que se trataba de una broma, la declaración alimentó el debate sobre si el auge del auto eléctrico no es más que una nueva forma de colonialismo de recursos, donde las grandes potencias tecnológicas extraen riqueza a costa de las periferias.

La paradoja es evidente: los autos eléctricos reducen las emisiones en las ciudades del Norte global, pero su "limpieza" se sostiene en la contaminación y la explotación invisibles del Sur global. Lo que en California se celebra como innovación, en los Andes se vive como extractivismo. Además, la producción masiva de Tesla no ha logrado resolver la contradicción estructural: sustituir autos de gasolina por eléctricos no resuelve problemas como el tráfico, el urbanismo depredador o la cultura de consumo acelerado. Simplemente cambia el combustible. La pregunta es incómoda pero inevitable: ¿los autos eléctricos son realmente un paso hacia la sostenibilidad, o un parche tecnológico que posterga una transformación más profunda del modelo de movilidad y del sistema económico?

En este choque entre promesa y costo, Musk aparece una vez más como una figura ambivalente: pionero en acelerar el fin del petróleo, pero también protagonista de una industria que multiplica la presión sobre el planeta en nombre de un futuro que podría repetirse con los mismos vicios del pasado. Mientras Tesla y SpaceX concentran la atención del mundo, Elon Musk no deja de abrir frentes en otras áreas que considera decisivas para el futuro de la humanidad. Tres de sus apuestas más recientes —la inteligencia artificial generativa, la energía solar y la biotecnología— muestran tanto su ambición ilimitada como las tensiones éticas que lo rodean.

En 2023 anunció la creación de xAI, su propia empresa de inteligencia artificial, con el objetivo de competir con OpenAI y Google. Musk aseguró que su IA sería "pro-verdad", diseñada para evitar la manipulación política y ofrecer transparencia en lugar de sesgo. Sin embargo, críticos señalan que su postura es contradictoria: abandonó OpenAI en 2018 denunciando su orientación comercial, y hoy busca rentabilizar un modelo similar bajo su propio sello. La IA generativa, que promete revolucionar desde la educación hasta la medicina, corre el riesgo de convertirse también en un instrumento de control y propaganda, en manos de quien ya maneja la red social X como un laboratorio de experimentos sociales.

En paralelo, Musk ha renovado su apuesta por la energía solar. Aunque SolarCity tuvo altibajos y perdió protagonismo, él insiste en que la clave para la supervivencia planetaria no son solo los autos eléctricos, sino un sistema energético descentralizado basado en paneles solares y baterías de gran escala. Tesla ha relanzado sus productos solares y apuesta a que el "techo solar" se convierta en estándar en las viviendas del futuro. El discurso es claro: una red eléctrica controlada por millones de hogares conectados, donde la dependencia de combustibles fósiles sea cosa del pasado. La pregunta, sin embargo, persiste: ¿es realmente un proyecto de democratización energética o una nueva forma de concentrar datos y consumo bajo el ecosistema Tesla?

La tercera apuesta —más inquietante— es la biotecnología. Neuralink es apenas el primer paso: Musk ha insinuado que el futuro de la humanidad pasará por la manipulación genética y la fusión entre biología y tecnología. Aunque aún en fase de exploración, sus declaraciones sobre posibles aplicaciones de edición genética o la creación de interfaces que permitan "curar enfermedades" generan tanto entusiasmo como alarma. ¿Hasta dónde llegará su visión de la vida como código susceptible de ser optimizado?

Estos proyectos muestran a Musk como un empresario que no concibe límites: desde la mente hasta la energía, desde la IA hasta la genética, cada frontera científica se convierte en un campo de conquista. Pero también evidencian un patrón: la ausencia de marcos éticos claros. En su carrera por adelantarse al futuro, Musk reproduce el dilema central de su tiempo: ¿estamos construyendo herramientas para la emancipación humana o nuevas cadenas de dependencia bajo la forma del progreso?

En ese horizonte, el "protector" y el "predador" vuelven a confundirse. Musk promete salvar al planeta y a la especie, pero lo hace desde la misma lógica con la que ha operado siempre: la del riesgo extremo, la disrupción sin consenso y el poder concentrado en una sola voluntad. El auge de Elon Musk simboliza una tendencia creciente en el siglo XXI: la delegación de nuestra esperanza colectiva en figuras carismáticas que prometen salvar al planeta con tecnología. Musk no es solo un empresario, sino un personaje que se presenta como arquitecto del futuro: el hombre que electrificará la movilidad, colonizará Marte, conectará nuestras mentes y evitará la extinción de la especie. Su narrativa está atravesada por la idea del mesías tecnológico, alguien que carga sobre sus hombros el destino de la humanidad.

Pero esa confianza encierra un riesgo. Los "mesías tecnológicos" no rinden cuentas como los políticos, ni están sometidos al escrutinio colectivo de la democracia. Sus proyectos se financian con capital privado y dependen, en gran medida, de la fe de los mercados y de sus seguidores. Cuando Musk promete salvar el planeta, lo hace desde una posición de poder personalista, donde las decisiones cruciales se concentran en la voluntad de un solo hombre.

La pregunta es si la humanidad puede —o debe— confiar en salvadores individuales para resolver problemas globales. La historia está llena de líderes visionarios que, al no tener límites, terminaron transformando sus proyectos en distopías. Musk, con su ambición desbordada, refleja tanto la capacidad creativa del ser humano como la tentación de la omnipotencia. Confiar en él —o en cualquier otro "mesías tecnológico"— equivale a aceptar que el futuro no se construye colectivamente, sino bajo la visión de un puñado de magnates capaces de moldear el mundo

según sus intereses y obsesiones. Y esa confianza ciega puede ser, paradójicamente, lo
más peligroso de todo.

Quizá la verdadera pregunta no sea si
Musk nos salvará o nos condenará, sino por
qué seguimos buscando salvadores en lugar
de asumir, como sociedad, la responsabilidad
de gestionar el poder del progreso tecnológico. Porque al final, la cuestión no es si debemos confiar en Musk, sino si debemos confiar
en la idea misma de que un solo hombre puede —y debe— guiarnos hacia el futuro.

APÉNDICES

CRONOLOGÍA BÁSICA DE LA VIDA DE ELON MUSK

1971   Nace Elon Musk en Pretoria, Sudáfrica.

1983   Programa su primer videojuego (*Blastar*) y lo vende a una revista tecnológica.

1989   Se traslada a Canadá para estudiar en la Queen's University (Ontario).

1995   Se instala en Silicon Valley; abandona un doctorado en Stanford tras dos días.

1996   Cofunda Zip2, su primera empresa, dedicada a mapas y guías digitales.

1999   Vende Zip2 a Compaq por 307 millones de dólares. Cofunda **X.com**, un banco en línea.

2000   X.com se fusiona con Confinity y se convierte en PayPal; Musk es desplazado como CEO.

2002   PayPal es vendida a eBay por 1.500 millones. Musk funda SpaceX con la visión de colonizar Marte.

2004   Invierte en Tesla Motors; pronto se convierte en su presidente.

2008   Se lanza el Roadster de Tesla; Musk asume como CEO. Ese mismo año, SpaceX logra su primer lanzamiento exitoso con el Falcon 1.

2010	Tesla sale a bolsa, en la primera IPO de una automotriz en EE. UU. desde 1956.
2012	SpaceX se convierte en la primera empresa privada en llevar una nave a la Estación Espacial Internacional.
2013	Musk presenta la idea del Hyperloop.
2015	Cofunda OpenAI, para desarrollar inteligencia artificial "segura para la humanidad".
2016	Crea The Boring Company, enfocada en túneles y transporte urbano. Funda también Neuralink, para conectar cerebro y computadora.
2017	Tesla presenta el Semi y el Roadster 2.0.
2018	La SEC lo acusa de fraude bursátil tras un tuit sobre sacar Tesla de la bolsa. Paga 20 millones de multa y deja la presidencia del consejo, aunque se mantiene como CEO.
2020	SpaceX envía astronautas de la NASA a la ISS con la Crew Dragon. Musk supera brevemente a Jeff Bezos como el hombre más rico del mundo.
2021	Tesla se convierte en la automotriz más valiosa del planeta; Musk impulsa Dogecoin con sus tuits.
2022	Compra Twitter por 44.000 millones de dólares y lo convierte en **X**. Despidos masivos y polémicas globales.
2022	Su hija Vivian Jenna Wilson cambia legalmente de nombre y género, rompiendo vínculos con Musk.
2023	Funda xAI, empresa de inteligencia artificial, como alternativa a OpenAI.

2023   Se intensifica su disputa con Donald
               Trump: intercambio de insultos y acusa-
               ciones públicas.

2024   Tesla enfrenta una fuerte caída bursátil
               por la competencia china y las dudas so-
               bre la gestión de Musk.

2024-2025 Musk anuncia nuevos proyectos en IA ge-
               nerativa, energía solar y biotecnología, re-
               forzando su papel como figura omnipre-
               sente en la frontera tecnológica.

LAS EMPRESAS Y STARTUPS CLAVE: DEL ÉXITO A LA CONTROVERSIA

Zip2 (1996–1999)

Qué fue: Una compañía que ofrecía mapas y directorios en línea para periódicos.

Éxito: Vendida a Compaq por 307 millones de dólares, dio a Musk su primer gran capital.

Controversia: Sus cofundadores lo apartaron de la dirección, marcando el inicio de un patrón de conflictos de liderazgo.

X.com → PayPal (1999–2002)

Qué fue: Un banco en línea fundado por Musk que se fusionó con Confinity y se convirtió en PayPal.

Éxito: Vendida a eBay por 1.500 millones. Musk ganó alrededor de 180 millones con la operación.

Controversia: Musk fue reemplazado como CEO tras disputas internas; años después admitió que ese episodio endureció su carácter.

SpaceX (2002–presente)

Qué es: Empresa aeroespacial dedicada a cohetes reutilizables y la colonización de Marte.

Éxito: Primer privado en enviar naves a la ISS (2012) y en llevar astronautas en 2020; contratos millonarios con NASA y Defensa.

Controversia: Críticas por prácticas laborales, fallos en pruebas de Starship y la militarización de su sistema Starlink.

Tesla (2004–presente)

Qué es: Automotriz eléctrica que Musk transformó en emblema de innovación verde.

Éxito: Empresa pionera en autos eléctricos de lujo; cotización récord en bolsa; ícono de la transición energética.

Controversia: Acusaciones de condiciones laborales abusivas, demandas por el "Autopilot", caída reciente en el mercado por competencia china y manipulación de acciones mediante tuits.

SolarCity (2006–2016, absorbida por Tesla)

Qué fue: Empresa de energía solar fundada por primos de Musk, absorbida luego por Tesla.

Éxito: Impulsó la expansión de paneles solares y el concepto de "techo solar".

Controversia: La compra generó demandas de accionistas por presunto conflicto de interés y mal desempeño financiero.

OpenAI (2015–2018, Musk se retira)

Qué es: Empresa de investigación en inteligencia artificial, originalmente sin ánimo de lucro.

Éxito: Impulsó la IA generativa con modelos como GPT.

Controversia: Musk abandonó la junta alegando que el proyecto perdió su rumbo ético y se inclinó hacia fines comerciales.

The Boring Company (2016–presente)

Qué es: Proyecto de túneles subterráneos para reducir el tráfico.

Éxito: Prototipo en Las Vegas; atrajo gran atención mediática.

Controversia: Considerado por muchos expertos como inviable y más espectáculo que solución real.

Neuralink (2016–presente)

Qué es: Startup de neurotecnología que busca implantar chips en cerebros humanos.

Éxito: Experimentos con primates y autorización inicial para pruebas clínicas en humanos.

Controversia: Denuncias de maltrato animal, dudas éticas y temores sobre control mental.

Twitter/X (2022–presente)

Qué es: Red social adquirida por Musk por 44.000 millones, rebautizada como X.

Éxito: Plataforma central en debates políticos y culturales bajo su mandato.

Controversia: Despidos masivos, caos en la moderación de contenidos, acusaciones de censura selectiva y caída en ingresos publicitarios.

xAI (2023–presente)

Qué es: Empresa de inteligencia artificial de Musk, diseñada como rival de OpenAI y Google.

Éxito: Busca desarrollar una IA "pro-verdad" con integración en X.

Controversia: Sospechas de que replica el mismo modelo comercial que criticó en OpenAI; dudas sobre transparencia y seguridad.

Glosario de términos tecnológicos y políticos

Autopilot: Sistema de asistencia a la conducción de Tesla, promocionado como un paso hacia la conducción autónoma total. Ha generado polémica por accidentes mortales y por acusaciones de publicidad engañosa.

Bitcoin: Criptomoneda descentralizada basada en blockchain. Musk impulsó su valor en 2021 al anunciar inversiones de Tesla, aunque más tarde dio marcha atrás, provocando fuertes caídas.

Colonización de Marte: Idea central del discurso de Musk con SpaceX: crear asentamientos humanos en Marte para garantizar la supervivencia de la especie. Críticos lo ven como escapismo elitista más que solución para la Tierra.

Dogecoin: Criptomoneda originalmente creada como parodia. Musk la convirtió en fenómeno financiero con sus tuits, aunque sin un respaldo tecnológico sólido.

Extractivismo: Modelo económico basado en la explotación intensiva de recursos naturales. En el caso de Musk, asociado a la extracción de litio y otros minerales para las baterías de Tesla.

IA generativa: Rama de la inteligencia artificial que crea texto, imágenes o audio a partir de datos previos. Musk, tras criticar OpenAI, fundó su propia compañía, xAI, con la promesa de hacer una IA "pro-verdad".

Litio: Mineral esencial para la producción de baterías de autos eléctricos. Su extracción genera impactos ambientales severos, especialmente en el "triángulo del litio" (Bolivia, Chile y Argentina).

Mesías tecnológico: Concepto sociopolítico aplicado a empresarios como Musk, que se presentan como salvadores capaces de resolver problemas globales mediante tecnología, sin pasar por procesos democráticos colectivos.

Nacionalismo tecnológico: Estrategia política que vincula el desarrollo científico y tecnológico con el poder geopolítico de una nación. Musk es un exponente de esta visión al colocar a EE. UU. en el centro de la carrera espacial y de la IA.

Neuralink: Empresa de Musk dedicada a la creación de implantes cerebrales. Promete tratar enfermedades neurológicas, pero plantea graves dilemas éticos sobre privacidad y control mental.

Starlink: Constelación de satélites de SpaceX que ofrece internet global. Considerada tanto una herramienta de conectividad como un riesgo de monopolio y militarización del espacio.

Transición energética: Proceso de reemplazo de fuentes fósiles por energías renovables. Tesla y SolarCity se inscriben en este marco, aunque críticos advierten que sus prácticas reproducen patrones extractivistas.

Trumpismo tecnológico: Expresión usada para describir la afinidad ideológica de Musk con Donald Trump en torno al populismo digital, la libertad de expresión sin filtros y el uso del poder mediático como arma política.

X (antes Twitter): Red social comprada por Musk en 2022, que se transformó en un experimento de comunicación caótica y en un laboratorio de poder personalista.

Bibliografía

1. Libros y biografías sobre Elon Musk

Isaacson, Walter. *Elon Musk*. Debate, 2023.

Vance, Ashlee. *Elon Musk: Tesla, SpaceX, and the Quest for a Fantastic Future*. HarperCollins, 2015.

Higgins, Tim. *Power Play: Tesla, Elon Musk, and the Bet of the Century*. Doubleday, 2021.

Berger, Eric. *Liftoff: Elon Musk and the Desperate Early Days That Launched SpaceX*. William Morrow, 2021.

2. Obras sobre tecnología, poder y sociedad

Harari, Yuval Noah. *Homo Deus: Breve historia del mañana*. Debate, 2016.

O'Neil, Cathy. *Weapons of Math Destruction: How Big Data Increases Inequality and Threatens Democracy*. Crown, 2016.

Lanier, Jaron. *Ten Arguments for Deleting Your Social Media Accounts Right Now*. Henry Holt, 2018.

Zuboff, Shoshana. *The Age of Surveillance Capitalism*. PublicAffairs, 2019.

Morozov, Evgeny. *El desengaño de Internet: Los mitos de la libertad en la red*. Destino, 2012.

3. Artículos y reportajes recientes

The New York Times: "Elon Musk's Tumultuous Year at Twitter" (2023).

Financial Times: "Tesla's Market Value Plunges Amid Investor Concerns" (2024).

The Guardian: "Elon Musk and Donald Trump: From Allies to Rivals" (2023).

Bloomberg: "Musk's xAI Enters the AI Race Against OpenAI and Google" (2023).

MIT Technology Review: "The Ethics of Neuralink: Between Science and Speculation" (2022).

El País: "Elon Musk y la paradoja del litio: ¿héroe verde o nuevo extractivista?" (2023).

GRACIAS POR COMPRAR ESTE LIBRO. DESCUBRE MÁS EN NUESTRA WEB: